南京师范大学附属中学江宁分校校本课程丛书

初升高衔接教程

主　　编　张士民　李　滔

分科主编　数学：纪　晖
　　　　　　物理：陆天明

审　　定　数学：陈光立
　　　　　　物理：朱建廉

编　　委
　　　　　　数学：纪　晖　　成友文　　张士民　　王朝阳
　　　　　　物理：陆天明　　刘宗涛　　樊海霞　　陈晓艳

东南大学出版社
SOUTHEAST UNIVERSITY PRESS
南京·2015

内 容 提 要

这套初升高衔接教程丛书,从初三学生的实际情况出发,以初中和高中知识的衔接为主要形式,把学生的学习方法、思维层次、能力要求等逐步引向高中,顺利完成初中到高中的过渡,从而为学生走好高中第一步奠定坚实的基础。

本丛书充分体现新课程的理念,强化与高中学习密切相关的初中知识的回顾,却不是对初中知识的简单复习,而是在复习的同时渗透高中学科的学科思维,有针对性地介绍一些在高中起始阶段学习需要用到而初中又没有学到的知识,化解高中学习中的一些难点。同时,本丛书还强调培养学生的创新精神、探究能力和实践能力,安排了许多探索性问题和来自实际生活的应用题。教程内容的编排由浅入深,层次分明,便于同学们自学。

总之,本教程以学科思想的介绍为经,以知识的介绍为纬,形成经纬交叉的网络。希望以此启迪同学们的思维,培养同学们的学习兴趣,为高中学习做好必要的铺垫。

图书在版编目(CIP)数据

初升高衔接教程. 数学·物理 / 张士民等主编. ——南京:东南大学出版社,2015.6
(南京师范大学附属中学江宁分校校本课程丛书)
ISBN 978-7-5641-5743-2

Ⅰ. ①初… Ⅱ. ①张… Ⅲ. ①中学数学课—初中—升学参考资料 ②中学物理课—初中—升学参考资料 Ⅳ. ①G634

中国版本图书馆 CIP 数据核字(2015)第 107648 号

初升高衔接教程(数学·物理)

主　　编	张士民　李　滔
责任编辑	宋华莉
编辑邮箱	52145104@qq.com
出版发行	东南大学出版社
出 版 人	江建中
社　　址	南京市四牌楼 2 号
邮　　编	210096
网　　址	http://www.seupress.com
经　　销	全国各地新华书店
印　　刷	南京京新印刷厂
开　　本	700 mm×1000 mm　1/16
印　　张	9.75
字　　数	245 千字
版　　次	2015 年 6 月第 1 版
印　　次	2015 年 6 月第 1 次印刷
书　　号	ISBN 978-7-5641-5743-2
定　　价	19.00 元

(本社图书若有印装质量问题,请直接与营销部联系,电话:025-83791830)

前　　言

　　同学们,当你跨进南京师大附中江宁分校的大门,成为南京师大附中教育集团的一名学生时,我们就已经在期待着你,期待着你的成长,期待着你的成功。但成长与成功,离不开学习,更重要的是离不开学会学习。

　　学会学习是一个人生存和发展的基本要求。记得有这样一个故事:神仙找到一个贫困却聪明的孩子,想帮助他。神仙用手一指旁边的一个小石子,小石子立即变成了小金块,孩子摇头表示不要。神仙顺手便把一块大石头变成了一个大金块,孩子还是没要。这时神仙又把对面的一座小山变成了金山,觉得这回孩子该满足了,可是孩子仍然不要。神仙便责问道"给你金山都不要,那你要什么?"故事讲到这,同学肯定知道了孩子想要什么——当然是点金术!这个点金术放在学习上就是学习方法,只要我们掌握了正确的学习方法,我们就能获得无穷无尽的知识。

　　难道不是吗? 急剧增加的知识总量,即使是世界上最聪明、记忆力最强的天才,也容纳不下呀。即使容纳得下,也没有那么多时间去学习这些知识。我国著名科学家钱学森说过:光是浏览世界上一年内发表的化学论文和著作,一位化学家每周使用40个小时需要阅读40年。因此,我们就有必要学会如何去学习,如何在综合、分析、学习、消化、研究的基础上进行创造。美国学者托夫勒在《未来的冲击》一书中指出的:未来的文盲不再是那些目不识丁的人,而是那些不会学习的人。南斯拉夫伊曼博士也指出:学会学习,意味着受教育的人将会知道从哪里能很快地、很准确地找到自己不知道的东西。作为学生,迟早会离开学校走向社会的,而社会又在发生着日新月异的变化,你会发现在学校学习的东西已经落后或即将落后,而新的东西又层出不穷。如果你具备了终身学习的能力,你就可以不断提高,从容应对,否则你会茫然不知所措。学会学习,就等于掌握了这种奇妙的"点金术"!

　　学会学习,要永远保持自己的好奇心、想象力、求知欲;要掌握适合自己的学习方法和策略,要有强烈的时间观念;"尽信书不如无书",要尊重权威,但不能迷恋权威,要学会质疑,"吾爱吾师,吾更爱真理",回答问题、解决问题重要,提出问题更重要!要大胆求新、求异、求突破,"异想"才能"天开"!学会学习,就等于给自己打开了一双翱翔天空的隐形翅膀!

学会学习,也包含学会生活。江宁分校是所寄宿制学校。学校是校园,也是家园,还是小小的社区。在江宁分校,你会比同龄人多了很多与人相处、独立生活、锻炼自己的机会。分校的老师是老师,也是家长,还是朋友。在分校,师生感情超出一般学校。不少同学升入大学后,假期不是急着回家,而是直奔学校,来看望自己的老师!有校友说:"有一种想家的感觉叫'想分校'!"。同学们,希望你们在分校读书期间,多与老师和同学沟通、交流、合作,学会善良,学会宽容,学会感恩。

学会学习,还包括学会选择。继承附中传统,江宁分校一直在构建和完善立体化的校本课程体系。丰富的课程为同学们发现自我、提高自我提供了更多的机会和平台。我们希望同学们能主动地、积极地去选择、去体验分校丰富的课程。在选择和体验的过程中,不断地认识自己、规划自己、超越自己。

《初升高衔接教程》丛书,作为学校承担的江苏省十二五规划课题研究的主要成果,是附中传统、教育规律、新课程理念、学校实际相结合的"结晶",其目的就是为了让同学们能在高中起始阶段的学习少走弯路,从而为同学们走好高中第一步奠定坚实的基础。

"初升高衔接课程"的研究和教材的编写,凝聚了课题组所有成员的心血。他们的辛勤劳动和耕耘,使得课题的研究和教材的编写得以顺利进行!感谢南京市教研室徐志伟老师的热心指导!感谢葛敏副校长对课题研究和教材编写的有力推动,谢谢你们!

是为序!

张士民　李　滔

2015 年 6 月

目　录

数　学

第一章　数与代数 ·· 2
　第1节　绝对值 ·· 2
　第2节　二次根式 ·· 6
　第3节　因式分解 ·· 11
　第4节　恒等变形 ·· 16

第二章　方程、不等式与函数 ·· 21
　第1节　一元二次方程根与系数的关系 ·································· 21
　第2节　二次函数与一元二次方程、一元二次不等式 ······················ 27
　第3节　简单的二元二次方程组和三元一次方程组 ························ 32
　第4节　含字母系数的方程 ·· 37

第三章　平面几何 ·· 41
　第1节　相似三角形 ·· 41
　第2节　三角形的"四心" ·· 48

物　理

第一章　如何学好物理学 ·· 54
　§1.1　什么是物理学 ·· 54
　§1.2　高中物理知识结构和常识 ······································ 56
　§1.3　高中物理与初中物理知识的台阶 ································ 61
　§1.4　学好高中物理的关键 ·· 63

第二章　高中物理涉及的数学知识 ································· 65
§2.1　一次函数 ··· 65
§2.2　二次函数 ··· 68
§2.3　角度和弧度 ·· 70
§2.4　三角函数角度和弧度 ··· 72

第三章　高中物理的实验基础 ··· 75
§3.1　误差与测量 ·· 75
§3.2　有效数字 ··· 80
§3.3　常用仪器 ··· 83

第四章　力学基础 ··· 101
§4.1　力 ··· 101
§4.2　直线运动 ··· 108
§4.3　力和运动 ··· 115

第五章　高中物理思想与物理方法 ··································· 121
§5.1　物理思想简介 ··· 121
§5.2　物理方法简介 ··· 124
§5.3　规范解题 ··· 131

第六章　物理与文化 ··· 135
§6.1　物理与社会 ·· 135
§6.2　物理与哲学 ·· 137
§6.3　物理与美学 ·· 139
§6.4　物理思想家 ·· 141
§6.5　诺贝尔物理学奖 ··· 147

数学

第一章　数与代数

第1节　绝对值

知识概要

1. 绝对值概念：正数的绝对值是它的本身，负数的绝对值是它的相反数，零的绝对值仍是零. 即

$$|a|=\begin{cases} a, & a>0, \\ 0, & a=0, \\ -a, & a<0. \end{cases}$$

(1) 几何意义：① 一个数的绝对值，是数轴上表示它的点到原点的距离；
② $|a-b|$ 表示在数轴上，数 a 和数 b 之间的距离.

(2) 性质：$|ab|=|a|\cdot|b|$，$\left|\dfrac{a}{b}\right|=\dfrac{|a|}{|b|}(b\neq 0)$.

2. 含绝对值的方程与函数：

方程 $|x|=a$ 的解为 $x=-a$，或 $x=a$.

函数 $y=|x|=\begin{cases} x, & x\geq 0, \\ -x, & x<0, \end{cases}$ 的图像为一条折线.

3. 含绝对值的不等式：

一般的，若 $a>0$，则，

不等式 $|x|>a$ 的解为 $x<-a$ 或 $x>a$.

不等式 $|x|<a$ 的解为 $-a<x<a$.

典型例题

例1 若 $|1-3x|+3x+4$ 的值恒为常数，求 x 满足的条件及此常数的值.

[**分析**] $|1-3x|+3x+4$ 的值恒为常数，即化简 $|1-3x|+3x+4$ 后是一个与 x 无关的式子，因而去掉绝对值符号再进行化简是解题的关键.

第一章 数与代数

解：由 $1-3x=0$，得 $x=\dfrac{1}{3}$；

① 若 $x\leqslant\dfrac{1}{3}$，原式 $=(1-3x)+3x+4=5$，为常数；

② 若 $x>\dfrac{1}{3}$，原式 $=-(1-3x)+3x+4=6x+3$，不为常数.

综上所述，x 满足的条件为 $x\leqslant\dfrac{1}{3}$，此常数的值为 5.

[总结] 本题解答中用到了"利用定义解题"这一数学方法.

例 2 如果 $ab\neq 0$，求 $\dfrac{a}{|a|}+\dfrac{b}{|b|}$ 的所有可能值.

[分析] 因为 $ab\neq 0$，所以 $\dfrac{a}{|a|}$ 与 $\dfrac{b}{|b|}$ 的值为 1 或 -1，从而可以得到 $\dfrac{a}{|a|}+\dfrac{b}{|b|}$ 的所有可能值.

解：因为 $ab\neq 0$，所以 $a\neq 0$，当 $a>0$ 时 $\dfrac{a}{|a|}=1$，当 $a<0$ 时 $\dfrac{a}{|a|}=-1$，同理 $\dfrac{b}{|b|}$ 的值为 1 或 -1.

① 当 $a>0,b>0$ 时 $\dfrac{a}{|a|}+\dfrac{b}{|b|}=2$；

② 当 $ab<0$ 时 $\dfrac{a}{|a|}+\dfrac{b}{|b|}=0$；

③ 当 $a<0,b<0$ 时 $\dfrac{a}{|a|}+\dfrac{b}{|b|}=-2$.

综上所述，$\dfrac{a}{|a|}+\dfrac{b}{|b|}$ 的所有可能值为 $-2,0,2$.

[总结] 本题解答用到了分类讨论这一思想方法.

例 3 解不等式：(1) $|2x-1|>1$；(2) $|3x+1|<5$.

[分析] 把 $2x-1$ 看成一个整体，再利用已知绝对值不等式 $|x|>a$ 的解集进行求解.

解：(1) $2x-1<-1$，或 $2x-1>1$，

解得 $x<0$，或 $x>1$，

∴ 原不等式的解为 $x<0$ 或 $x>1$.

(2) $-5<3x+1<5$，

解得 $-2<x<\dfrac{4}{3}$，

∴ 原不等式的解为 $-2<x<\dfrac{4}{3}$.

[总结] 本题解答用到了"整体观念"这一认"式"策略.

例 4 试作出下列函数的图像:(1) $y=|x|$;(2) $y=|x|+|x+1|$.

[分析] 要画出所给函数图像,必须先去掉绝对值符号转化为已研究过的函数图像.

解:(1) 因为 $y=|x|=\begin{cases}x, & x\geqslant 0,\\ -x, & x<0,\end{cases}$ 所以函数 $y=|x|$ 的图像为

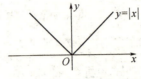

(2) 因为 $y=|x|+|x+1|=\begin{cases}-2x-1, & x<-1,\\ 1, & -1\leqslant x\leqslant 0,\\ 2x+1, & x>0,\end{cases}$ 所以函数 $y=|x|+|x+1|$ 的图像为

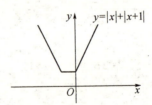

[总结] 本题解答用到了化归的思想方法.

巩固练习

1. 下列叙述正确的是 ( )
   (A) 若 $|a|=|b|$,则 $a=b$　　　　　(B) 若 $|a|>|b|$,则 $a>b$
   (C) 若 $a<b$,则 $|a|<|b|$　　　　　(D) 若 $|a|=|b|$,则 $a=\pm b$

2. 若 $a<0$,化简 $|a-|a||-a$ 等于 ( )
   (A) $-3a$　　　　(B) $-2a$　　　　(C) $-a$　　　　(D) a

3. 化简:$|x-5|-|2x-13|\ (x>5)$.

4. 解方程:(1) $|2x|=3$;(2) $|x-5|=2$.

5. 解不等式:(1) $|3x|>4$;(2) $|2x-5|<1$.

6. 试作出函数 $y=|x|-|x-1|$ 的图像.

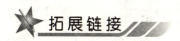

绝对值符号的由来

1841 年外尔斯特拉斯首先引用"| |"为绝对值符号(Signs for absolute value),以后为人们所接受,且沿用至今,成为现今通用之绝对值符号. 此外,外尔斯特拉斯亦指出,复数之绝对值就是它的"模". 到了 1905 年,甘斯以"| |"符号表示向量之长度,有时亦称这个长度为绝对值. 若以向量解释复数,那么"模"、"长度"及"绝对值"都是一样的. 这体现了甘斯符号之合理性,因而沿用至今.

第2节 二次根式

知识概要

1. 一般的,形如 $\sqrt{a}\,(a\geqslant 0)$ 的代数式叫做二次根式.

2. 在二次根式的化简与运算过程中,二次根式的加减法与多项式的加减法类似,在化简的基础上去括号与合并同类二次根式. 二次根式的乘法可类比多项式乘法进行,运算中要运用公式 $\sqrt{a}\sqrt{b}=\sqrt{ab}\,(a\geqslant 0,b\geqslant 0)$.

3. $\sqrt{a^2}=|a|=\begin{cases}a, & a\geqslant 0, \\ -a, & a<0.\end{cases}$

典型例题

例1 计算:$\sqrt{3}\div(3-\sqrt{3})$.

[分析] 主要是将分母中根号有理化.

解法一:$\sqrt{3}\div(3-\sqrt{3})=\dfrac{\sqrt{3}}{3-\sqrt{3}}=\dfrac{\sqrt{3}\cdot(3+\sqrt{3})}{(3-\sqrt{3})(3+\sqrt{3})}=\dfrac{3\sqrt{3}+3}{9-3}$

$=\dfrac{3(\sqrt{3}+1)}{6}=\dfrac{\sqrt{3}+1}{2}.$

解法二:$\sqrt{3}\div(3-\sqrt{3})=\dfrac{\sqrt{3}}{3-\sqrt{3}}=\dfrac{\sqrt{3}}{\sqrt{3}(\sqrt{3}-1)}=\dfrac{1}{\sqrt{3}-1}=\dfrac{\sqrt{3}+1}{(\sqrt{3}-1)(\sqrt{3}+1)}$

$=\dfrac{\sqrt{3}+1}{2}.$

[总结] 像 $3-\sqrt{3}$ 与 $3+\sqrt{3}$,$\sqrt{3}-1$ 与 $\sqrt{3}+1$ 这样,两个含有二次根式的代数式相乘,它们的积不含有二次根式,我们就说这两个代数式互为有理化因式,例如 $\sqrt{2}$ 与 $\sqrt{2}$,$3\sqrt{a}$ 与 $\sqrt{a}$,$\sqrt{3}+\sqrt{6}$ 与 $\sqrt{3}-\sqrt{6}$,$2\sqrt{3}-3\sqrt{2}$ 与 $2\sqrt{3}+3\sqrt{2}$,等等.

一般的,当 a,b 为有理式(或有理数)时,$a\sqrt{x}$ 与 $\sqrt{x}$,$a\sqrt{x}+b\sqrt{y}$ 与 $a\sqrt{x}-b\sqrt{y}$,$a\sqrt{x}+b$ 与 $a\sqrt{x}-b$ 等分别互为有理化因式.

对于二次根式的除法,通常先写成分式的形式,然后分母和分子都乘以分母的有理化因式,化去分母中的根号.

把分母中的根号化去,叫做分母有理化. 分母有理化的方法是分母和分子都乘以分母的有理化因式来化去分母中的根号.

需要说明的是,在高中数学中,经常也把分式的分子进行有理化,即分式的分子和分母都乘以分子的有理化因式,从而化去分子中的根号.

例 2 试比较 $\sqrt{12}-\sqrt{11}$ 和 $\sqrt{11}-\sqrt{10}$ 的大小.

[分析] 因两数均为正数,所以本题可将这两数先平方,再进行大小比较;也可以利用分子有理化进行大小比较.

解:∵ $\sqrt{12}-\sqrt{11}=\dfrac{\sqrt{12}-\sqrt{11}}{1}=\dfrac{(\sqrt{12}-\sqrt{11})(\sqrt{12}+\sqrt{11})}{\sqrt{12}+\sqrt{11}}=\dfrac{1}{\sqrt{12}+\sqrt{11}}$,

$\sqrt{11}-\sqrt{10}=\dfrac{\sqrt{11}-\sqrt{10}}{1}=\dfrac{(\sqrt{11}-\sqrt{10})(\sqrt{11}+\sqrt{10})}{\sqrt{11}+\sqrt{10}}=\dfrac{1}{\sqrt{11}+\sqrt{10}}$,

又∵ $\sqrt{12}+\sqrt{11}>\sqrt{11}+\sqrt{10}$,

∴ $\sqrt{12}-\sqrt{11}<\sqrt{11}-\sqrt{10}$.

[说明] 此题可以推广为:对正整数 n,总有 $\sqrt{n+1}-\sqrt{n}<\sqrt{n}-\sqrt{n-1}(n\geq 1)$.

例 3 化简:$\dfrac{x-y}{\sqrt{x}+\sqrt{y}}-\dfrac{x+y-2\sqrt{xy}}{\sqrt{x}-\sqrt{y}}$.

[分析] 该题的常规做法是先进行分母有理化,然后再计算,可惜运算量太大,不宜采取. 但我们发现 $(x-y)$ 和 $(x+y-2\sqrt{xy})(x+y-2\sqrt{xy})$ 可以在实数范围内进行因式分解,所以有下列做法.

解:原式$=\dfrac{(\sqrt{x}+\sqrt{y})(\sqrt{x}-\sqrt{y})}{\sqrt{x}+\sqrt{y}}-\dfrac{(\sqrt{x}-\sqrt{y})^2}{\sqrt{x}-\sqrt{y}}$

$=\sqrt{x}-\sqrt{y}-(\sqrt{x}-\sqrt{y})$

$=0$.

[总结] 分子与分母能约分化简一定要先进行约分化简,这样可以简化运算过程.

例 4 化简:(1) $\sqrt{9-4\sqrt{5}}$;(2) $\sqrt{x^2+\dfrac{1}{x^2}-2}\,(x>0)$.

[分析] 要将根号内的数进行开方,必须将根号内的数化成完全平方的形式.

解:(1) 原式$=\sqrt{5-4\sqrt{5}+4}=\sqrt{(\sqrt{5})^2-2\times 2\times\sqrt{5}+2^2}=\sqrt{(2-\sqrt{5})^2}=|2-\sqrt{5}|$

$=\sqrt{5}-2$.

(2) 原式$=\sqrt{\left(x-\dfrac{1}{x}\right)^2}=\left|x-\dfrac{1}{x}\right|$,

① 当 $0<x<1$ 时,$\dfrac{1}{x}>1>x$,原式$=\dfrac{1}{x}-x$;

② 当 $x \geqslant 1$ 时，$x \geqslant \dfrac{1}{x}$，原式 $= x - \dfrac{1}{x}$.

[总结] 二次根式 $\sqrt{a^2} = |a| = \begin{cases} a, & a \geqslant 0, \\ -a, & a < 0, \end{cases}$ 进行化简时，需对 a 的正负进行讨论（将被开方数化成完全平方）.

1. 填空：

   (1) $\dfrac{1-\sqrt{3}}{1+\sqrt{3}} = $ _____；

   (2) $(2+\sqrt{3})^{18}(2-\sqrt{3})^{19} = $ _____；

   (3) 若 $\sqrt{(5-x)(x-3)^2} = (x-3)\sqrt{5-x}$，则 x 的取值范围是 _____．

2. (1) 等式 $\sqrt{\dfrac{x}{x-2}} = \dfrac{\sqrt{x}}{\sqrt{x-2}}$ 成立的条件是 （　　）

   (A) $x \neq 2$　　(B) $x > 0$　　(C) $x > 2$　　(D) $0 < x < 2$

   (2) 计算 $a\sqrt{-\dfrac{1}{a}}$ 等于 （　　）

   (A) $\sqrt{-a}$　　(B) $\sqrt{a}$　　(C) $-\sqrt{-a}$　　(D) $-\sqrt{a}$

3. 比较 $2-\sqrt{3}$ 与 $\sqrt{5}-2$ 的大小．

4. 求 $\dfrac{1}{1+\sqrt{2}}+\dfrac{1}{\sqrt{2}+\sqrt{3}}+\cdots+\dfrac{1}{\sqrt{99}+\sqrt{100}}$ 的值.

5. 已知：$x=\dfrac{1}{2}$, $y=\dfrac{1}{3}$, 求 $\dfrac{\sqrt{y}}{\sqrt{x}-\sqrt{y}}-\dfrac{\sqrt{y}}{\sqrt{x}+\sqrt{y}}$ 的值.

6. 已知 $y=\sqrt{8-x}+\sqrt{x-8}+18$, 求代数式 $\dfrac{x+y}{\sqrt{x}-\sqrt{y}}-\dfrac{2xy}{x\sqrt{y}-y\sqrt{x}}$ 的值.

$\sqrt{2}$ 的由来

古希腊有一位著名的数学家叫毕达哥拉斯,他对数学的研究是很深的,对数学的发展做出了不可磨灭的贡献.当时他成立了"毕达哥拉斯学派",其中有这样一个观点:"宇宙的一切事物的度量都可用整数或整数的比来表示,除此之外,就再没有什么了".毕达哥拉斯首先发现并证明了"直角三角形中,两直角边的平方和等于斜边的平方",证明了这个定理后,他们学派内外都非常高兴,宰了100头牛大肆庆贺,这个定理在欧洲叫"毕达哥拉斯定理"或"百牛定理",我国叫"勾股定理".可是,他的观点和发现却在日后使他狼狈不堪,几乎无地自容.毕达哥拉斯的一个学生名叫西伯斯,他勤奋好学,善于观察分析和思考.一天,他研究了这样的问题:"边长为1的正方形,其对角线的长是多少呢?"他根据毕达哥拉斯定理,计算是根号2(当然,当时不会这样表示的),并发现根号2既不是整数,也不是整数的比.他既高兴又感到迷惑,根据老师的观点,根号2是不应该存在的,但对角线又客观地存在,他无法解释,他把自己的研究结果告诉了老师,并请求给予解释.毕达哥拉斯思考了很久,都无法解释这种"怪"现象,他惊骇极了,又不敢承认根号2是一种新数,否则整个学派的理论体系将面临崩溃,他忐忑不安,最后,他采取了错误的方式:下令封锁消息,也不准西伯斯再研究和谈论此事.

西伯斯在毕达哥拉斯的高压下非常痛苦,通过长时间的思考,他认为根号2是客观存在的,老师的理论体系无法解释它,说明老师的观点有问题.后来,他不顾一切地将自己的发现和看法传扬了出去,整个学派顿时轰动了,也使毕达哥拉斯恼羞成怒,无法容忍这个"叛逆".决定对西伯斯严加惩罚.西伯斯听到风声后,连夜乘船逃走了.然而,他没想到,他所乘坐的海船后面追来了几艘小船.他还正憧憬着美好的未来的时候,毕达哥拉斯学派的打手已出现在他的面前,他手脚被绑后,被投到了浩瀚无边的大海之中.他为真理的诞生献出了自己的宝贵的生命!

真理是打不倒的,根号2的出现,使人类认识了一类新的数——无理数.这也使数学本身发生了质的飞跃!人们会永远记住西伯斯,他是真正的无理数之父,他的不畏权威,勇于创新,敢于坚持真理的精神永远激励着后来人!

第3节 因式分解

知识概要

1. 因式分解:把一个多项式化为几个最简整式的积的形式,这种变形叫做把这个多项式因式分解.

2. 因式分解的方式主要有:提取公因式法、十字相乘法、公式法、分组分解法.

3. 常用公式:$a^3 \pm b^3 = (a \pm b)(a^2 \mp ab + b^2)$
$$a^3 \pm 3a^2b + 3ab^2 \pm b^3 = (a \pm b)^3$$
$$a^2 \pm 2ab + b^2 = (a \pm b)^2$$
$$a^2 - b^2 = (a+b)(a-b)$$

4. 十字相乘法:十字相乘法能把某些二次三项式 $ax^2 + bx + c(a \neq 0)$ 分解因式.这种方法的关键是把二次三项式的系数 a 分解为两个整数 a_1, a_2 的积,即 $a = a_1 a_2$.把常数 c 分解为两个整数 c_1, c_2 的积,即 $c = c_1 c_2$.运用这种方法分解因式时,要注意观察、尝试,并能体会它的本质是二项式乘法的逆过程,当首项系数不为1时,往往需要多次尝试,务必要注意各项系数的符号.

特别的,当 $a=1$ 时,若 $b=p+q$,且 $c=pq$,则 $x^2+bx+c=x^2+(p+q)x+pq=(x+p)(x+q)$.

特征:拆两头,凑中间.

注意点:一要保证交叉相乘的两个积的和等于一次项系数;二要保证由十字相乘写出的因式无漏写字母,如:$5x^2+6xy-8y^2=(x+2)(5x-4)$ 即为错例.

5. 因式分解的一般步骤:先考虑能否提取公因式,再考虑能否运用公式法或十字相乘法,最后考虑分组分解法,对于一个还可再分解的多项式因式仍用这一步骤反复进行,直至每个因式是最简整式为止.

典型例题

例 1 (1) $14abx - 8ab^2x + 2ab$;(2) $6(a-b)^2 - 12(a-b)$;(3) $x(x+y)^2 - x(x+y)(x-y)$.

[分析] 利用提取公因式法.

解:(1) 原式 $= 2ab(7x - 4bx + 1)$.

(2) 原式 $= 6(a-b)[(a-b) - 2]$.

(3) 原式 $=x(x+y)[(x+y)-(x-y)]=2xy(x+y)$.

[总结] 提公因式时一定要干净、彻底.

例 2 分解因式:

(1) $2x^2-3x+1$; (2) $6x^2+13x+6$;

(3) $2x^2-xy-y^2$; (4) $6x^2-37xy+6y^2$.

[分析] 将二次项系数和常数项进行分解,并进行多次尝试.

解:(1) 由图 1,得 $2x^2-3x+1=(2x-1)(x-1)$.

(2) 由图 2,得 $6x^2+13x+6=(2x+3)(3x+2)$.

(3) 由图 3,得 $2x^2-xy-y^2=(2x+y)(x-y)$.

(4) 由图 4,得 $6x^2-37xy+6y^2=(6x-y)(x-6y)$.

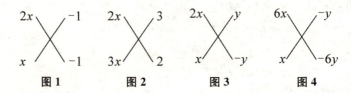

图 1 图 2 图 3 图 4

[总结] 分解过程中一定要注意符号问题.

例 3 将下列各式因式分解:

(1) $6x^2y^2-5xy-1$; (2) $(a^2+3a)^2-2(3a+a^2)-8$;

(3) m^4-7m^2+12(实数范围内分解).

[分析] 第(1)、(2)、(3)题运用整体思想,直接将各式视为二次三项式 ax^2+bx+c,用十字相乘法进行分解.

解:(1) 原式 $=(6xy+1)(xy-1)$.

(2) 原式 $=(a^2+3a-4)(a^2+3a+2)=(a+4)(a-1)(a+2)(a+1)$.

(3) 原式 $=(m^2-3)(m^2-4)=(m^2-3)(m-2)(m+2)$.

[总结] 分解结果一定要检查分解是否彻底.

例 4 分解因式:

(1) $ab(c^2-d^2)-cd(a^2-b^2)$; (2) $x^2+y^2-2yz+2zx-2xy$;

(3) x^3+3x^2+3x+9; (4) $2x^2+xy-y^2-4x+5y-6$.

[分析] 本题要进行分组分解,(1)题分组不合理,进行重新分组.

解:(1) $ab(c^2-d^2)-cd(a^2-b^2)=abc^2-abd^2-a^2cd+b^2cd$

$=(abc^2+b^2cd)-(abd^2+a^2cd)$

$=bc(ac+bd)-ad(ac+bd)$

$=(ac+bd)(bc-ad)$.

(2) $x^2+y^2-2yz+2zx-2xy=(x^2+y^2-2xy)+(2zx-2yz)$

$$=(x-y)^2+2z(x-y)=(x-y)(x-y+2z).$$

(3) $x^3+3x^2+3x+9=(x^3+3x^2)+(3x+9)=x^2(x+3)+3(x+3)$
$$=(x+3)(x^2+3);$$

或

$x^3+3x^2+3x+9=(x^3+3x^2+3x+1)+8=(x+1)^3+8$
$$=(x+1)^3+2^3=[(x+1)+2][(x+1)^2-(x+1)\times 2+2^2]$$
$$=(x+3)(x^2+3).$$

(4) $2x^2+xy-y^2-4x+5y-6=2x^2+(y-4)x-y^2+5y-6$
$$=2x^2+(y-4)x-(y-2)(y-3)$$
$$=(2x-y+2)(x+y-3);$$

或

$2x^2+xy-y^2-4x+5y-6=(2x^2+xy-y^2)-(4x-5y)-6$
$$=(2x-y)(x+y)-(4x-5y)-6$$
$$=(2x-y+2)(x+y-3).$$

[总结] 对于项数大于3项的因式进行分组时,如果分组不合理,要重新分组.

例5 分解因式:

(1) $(x^2+y^2)^2-4x^2y^2$; (2) $27-x^6$;

(3) x^6-y^6; (4) $(2x-1)^3+x^3$.

[分析] 将(1)式中(x^2+y^2)看成一个整体,然后用公式法带入求解.

解:(1) $(x^2+y^2)^2-4x^2y^2=(x^2+y^2-2xy)(x^2+y^2+2xy)$
$$=(x-y)^2(x+y)^2.$$

(2) $27-x^6=3^3-(x^2)^3=(3-x^2)(9+3x^2+x^4)$
$$=(\sqrt{3}-x)(\sqrt{3}+x)(x^4+3x^2+9).$$

(3) $x^6-y^6=(x^3-y^3)(x^3+y^3)$
$$=(x-y)(x^2+xy+y^2)(x+y)(x^2-xy+y^2);$$

或 $x^6-y^6=(x^2)^3-(y^2)^3=(x^2-y^2)(x^4+x^2y^2+y^4)$
$$=(x-y)(x+y)[(x^2+y^2)^2-x^2y^2]$$
$$=(x-y)(x+y)(x^2-xy+y^2)(x^2+xy+y^2).$$

(4) $(2x-1)^3+x^3=[(2x-1)+x][(2x-1)^2-(2x-1)x+x^2]$
$$=(3x-1)(3x^2-3x+1).$$

[总结] 一定要找准公式中的$a、b$的值,另外分解要彻底,即分解到每个因式都是最简整式.

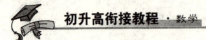

1. 若二次三项式 x^2+ax-1 可分解为 $(x-2)(x+b)$，则 $a+b$ 的值为（ ）
   (A) -1 (B) 1 (C) -2 (D) 2

2. 分解因式：
   (1) $x^3+2x^2-8x=$ _____；   (2) $xy+x+y+1=$ _____；
   (3) $x^2-y^2+ax+ay=$ _____；   (4) $a^3-2a^2b+ab^2-a=$ _____．

3. 若多项式 $x^2+kx+12$ 分解为 $(x+2)(x+6)$ 时，$k=8$；若多项式 $x^2+kx+12$ 分解为 $(x-2)(x-6)$ 时，$k=-8$．请问，要使多项式 $x^2+kx+12$ 可以分解成两个一次因式的乘积，这样的整数 k 可以是哪些值？写出 k 的值并分解相应的多项式 $x^2+kx+12$．

4. 分解因式：
   (1) x^2+6x+8；   (2) $y^2-8y+15$；   (3) $2x^2-5xy+2y^2$；

   (4) $8a^3-b^3$；   (5) $\dfrac{m}{3}+9m^4$．

5. 分解因式：
   (1) $4(x-y+1)+y(y-2x)$；   (2) $x^4+x^3-4x-16$；

   (3) $3x^2+5xy-2y^2+x+9y-4$．

6. △ABC 三边 a, b, c 满足 $a^2+b^2+c^2=ab+bc+ca$,试判定△ABC 的形状.

拓展链接

1. 分解因式:

   (1) $a^2b+b^2c+c^2a-ab^2-bc^2-ca^2$;

   (2) $(ab-1)^2+(a+b-2ab)(a+b-2)$.

2. 已知公式:
   $a^5+b^5=(a+b)(a^4-a^3b+a^2b^2-ab^3+b^4)$;
   $a^5-b^5=(a-b)(a^4+a^3b+a^2b^2+ab^3+b^4)$.
   利用或不利用上述公式,将下式分解因式:$x^8+x^6+x^4+x^2+1$.

第4节 恒等变形

★ 知识概要

1. **恒等**：如果将两个代数式里的字母换成使两式都有意义的任意数值，这两个代数式的值都相等，我们就说这两个式子恒等。例如 $2(a+1)$ 与 $2a+2$ 恒等，a^2-b^2 与 $(a+b)(a-b)$ 恒等。

2. **恒等式**：表示两个式子恒等的等式叫做恒等式。例如，$a+b=b+a$，$a^0=1$ $(a\neq 0)$，$(a-b)^2=a^2-2ab+b^2$ 等都是恒等式。

3. **恒等变形**：把一个式子变换成另一个和它恒等的式子叫做恒等变形。我们通常所做的数、式运算都是恒等变形。如 $2\times 3=6$，$3x+8x=11x$，$\sin^2 x+\cos^2 x=1$，$\dfrac{\sin x}{\cos x}=\tan x$。

4. **乘法公式**

我们还可以通过证明得到下列一些乘法公式，它们都是恒等式。

(1) 立方和公式　　　　　$(a+b)(a^2-ab+b^2)=a^3+b^3$；

(2) 立方差公式　　　　　$(a-b)(a^2+ab+b^2)=a^3-b^3$；

(3) 三数和平方公式　　　$(a+b+c)^2=a^2+b^2+c^2+2(ab+bc+ac)$；

(4) 两数和立方公式　　　$(a+b)^3=a^3+3a^2b+3ab^2+b^3$；

(5) 两数差立方公式　　　$(a-b)^3=a^3-3a^2b+3ab^2-b^3$。

5. **多项式恒等定理**：若两个多项式 $a_0 x^n+a_1 x^{n-1}+\cdots+a_n$ 与 $b_0 x^n+b_1 x^{n-1}+\cdots+b_n$ 恒等，则 $a_0=b_0, a_1=b_1, \cdots, a_n=b_n$。反之也成立。

特别地，若 $a_0 x^n+a_1 x^{n-1}+\cdots+a_n=0$ 恒成立，则 $a_0=a_1=\cdots=a_n=0$。

★ 典型例题

例1 若关于 x 的一次函数 $y=mx+4m-2$ 的图像恒过某定点，试求此定点坐标。

[**分析**] 题中所说的定点的"定"是相对于字母 m 的"变"来说的，即不论 m 取何值，关于 x 的一次函数 $y=mx+4m-2$ 的图像都过一个与 m 无关的点，即 $y=mx+4m-2$ 是一个关于 m 的恒等式，从而可以用恒等式的知识来解决。

解：设此定点坐标为 (x_0, y_0)，由题意 $y_0=mx_0+4m-2$，按照字母 m 整理得 $(x_0+4)m-(2+y_0)=0$，由题意可知这是一个关于 m 的恒等式，所以 $x_0+4=0$，

$-(2+y_0)=0$,所以 $x_0=-4, y_0=-2$,即一次函数 $y=mx+4m-2$ 的图像恒过定点 $(-4,-2)$.

[总结] 1. 本例解法体现了等价转化的思想方法:将含字母系数的函数图像过定点问题转化为多项式恒等问题.

2. 本例解法中按照字母 m 整理是转化的关键,也是一种在高中数学学习中需要发展的认"式"能力.

变式 关于 x 的一元一次不等式 $mx+1>0$ 的解为 $x<\frac{1}{2}$,求实数 m 的值.

解:因为不等式 $-2x+1>0$ 的解为 $x<\frac{1}{2}$,所以不等式 $mx+1>0$ 与不等式 $-2x+1>0$ 是同解不等式,所以 $mx+1$ 与 $-2x+1$ 恒等,所以 $m=-2$.

例2 证明:方程 $2x^2-7xy+6y^2+10x-17y+12=0$ 的曲线是两条相交直线.

[分析] 直线方程是关于 x,y 的一次方程,而题中给出的方程是关于 x,y 的二次方程,所以本题需要将方程左边的多项式分解成两个关于 x,y 一次因式的乘积.观察二次项,$2x^2-7xy+6y^2$ 可以分解成 $(x-2y)(2x-3y)$,而一次项和常数项,应该是这两个因式中含有的常数项运算的结果.可是常数 12 该分解成哪两个因数的积呢?这就是需要待定的系数.

解:因为 $2x^2-7xy+6y^2=(x-2y)(2x-3y)$,所以可设 $2x^2-7xy+6y^2+10x-17y+12=(x-2y+m)(2x-3y+n)$,展开上式,$2x^2-7xy+6y^2+10x-17y+12=2x^2-7xy+6y^2+(2m+n)x-(3m+2n)y+mn$,比较两边对应项系数,得:$2m+n=10,-(3m+2n)=-17,mn=12$,解之得:$m=3,n=4$. 于是,原方程为 $(x-2y+3)(2x-3y+4)=0$,

可见原方程的曲线是两条直线,这两条直线的方程分别是 $y=\frac{1}{2}x+\frac{3}{2}$ 和 $y=\frac{2}{3}x+\frac{4}{3}$. 所以原方程的曲线是两条相交直线.

[总结] 1. 本题解题中所用方法是待定系数法与降次转化法. 像本例多项式中项数较多,或是有的多项式次数较高,分解起来有困难,通常可以采取待定系数法进行因式分解.

2. 能用多种方法进行因式分解是问题解决中所需要的一种数学运算能力.

变式 证明方程 $|x-y|+|x+y|=2$ 的曲线是 4 条直线.

解:因为 $|x-y|+|x+y|=2$,所以 $|x-y|=2-|x+y|$,两边平方,得:$x^2-2xy+y^2=4-4|x+y|+x^2+2xy+y^2$,移项,整理得 $|x+y|=1+xy$,两边再平方,得:$x^2+2xy+y^2=1+2xy+x^2y^2$,移项,得 $x^2+y^2-1-x^2y^2=0$,因式分解,得

$(x^2-1)(1-y^2)=0$,所以这4条直线的方程分别是 $x=1, x=-1, y=1$ 和 $y=-1$.

例3 已知 $y_1=-x_1^3+1, y_2=-x_2^3+1$,比较当 $x_1>x_2$ 时,y_1 和 y_2 的大小.

[分析] 比较两个数大小的最基本方法是作差与0比较大小,为此要对差式进行因式分解.

解:$y_1-y_2=-x_1^3+1-(-x_2^3+1)=x_2^3-x_1^3=(x_2-x_1)(x_2^2+x_2x_1+x_1^2)$
$$=(x_2-x_1)\left[\left(x_2+\frac{1}{2}x_1\right)^2+\frac{3}{4}x_1^2\right].$$

因为 $x_1>x_2$,所以 $x_2-x_1<0$,

又因为 $\left(x_2+\frac{1}{2}x_1\right)^2+\frac{3}{4}x_1^2>0$,

所以 $y_1-y_2<0$,即 $y_1<y_2$.

[总结] 1. 本题解题中所用方法是作差比较法. 用作差法比较两个数的大小,分三步:第一步,作差;第二步,恒等变形(化为积或商的形式);第三步,定号(与0比大小).

2. 恒等变形能力需要不断提高.

例4 设直线 $l_1: y=k_1x+2$;$l_2: y=k_2x-2$,其中实数 k_1, k_2 满足 $k_1k_2+1=0$,试证明 l_1 与 l_2 一定相交且交点坐标满足方程 $x^2+y^2=4$.

[分析] 要证 l_1 与 l_2 一定相交,只需证明 $k_1\neq k_2$;然后用 k 表示出 l_1 与 l_2 的交点坐标 (x, y),再说明 $x^2+y^2=4$ 恒成立.

解法一:因为 $k_1k_2+1=0$,所以 $k_1\neq 0, k_2=-\frac{1}{k_1}$,显然 k_1 与 $-\frac{1}{k_1}$ 异号,所以 $k_1\neq k_2$,

所以 l_1 与 l_2 一定相交. 由方程组 $\begin{cases} y=k_1x+2, \\ y=k_2x-2 \end{cases}$ 解得交点的坐标为 $\begin{cases} x=\dfrac{4}{k_2-k_1}; \\ y=\dfrac{2(k_2+k_1)}{k_2-k_1}, \end{cases}$ 而

$x^2+y^2=\left(\dfrac{4}{k_2-k_1}\right)^2+\left(\dfrac{2k_2+2k_1}{k_2-k_1}\right)^2=\dfrac{16+4k_2^2+8k_1k_2+4k_1^2}{k_2^2-2k_2k_1+k_1^2}=\dfrac{4k_2^2+4k_1^2+8}{k_2^2+k_1^2+2}=4$,所以 l_1 与 l_2 的交点坐标满足方程 $x^2+y^2=4$. 综上所述,l_1 与 l_2 一定相交且交点坐标满足方程 $x^2+y^2=4$.

解法二:证明 l_1 与 l_2 一定相交同解法一. 交点坐标满足 $\begin{cases} y-2=k_1x, \\ y+2=k_2x, \end{cases}$ 显然 $x\neq 0$,所以 $\begin{cases} k_1=\dfrac{y-2}{x}, \\ k_2=\dfrac{y+2}{x}, \end{cases}$ 代入 $k_1k_2+1=0$,得 $\dfrac{y-2}{x}\cdot\dfrac{y+2}{x}+1=0$,化简,得 $x^2+y^2=4$,所

以 l_1 与 l_2 的交点坐标满足方程 $x^2+y^2=4$.

[总结] 1. 本题解题中所用方法是参数法与交轨法.

2. 通过化简运算证明恒等式是高中数学学习中需要具有的一种能力.

1. 将 $a^2b+2ab+b$ 因式分解的结果是 _____.

2. 化简 $(x+1)(x-1)(x^2-x+1)(x^2+x+1)$ 的结果是 _____.

3. 关于 x 的代数式 x^2+mx+1,当 $x=t$ 与 $x=-t$ 时代数式的值恒等,求实数 m 的值.

4. 分解因式 $2x^3-x^2-4x+3$.

5. 已知 $(c-a)^2-4(a-b)(b-c)=0$,求证:$2b=a+c$.

6. 已知 $a+b+c=4$，$a^2+b^2+c^2=8$. 求 $ab+bc+ca$ 的值.

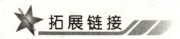

数学变换

数学变换有很多种，大学数学中有正交变换、仿射变换、射影变换、相似变换等，中学数学中有三角恒等变换与代数恒等变换等. 恒等变换是数学变换中最基本的变换之一，它最主要的特点就是将复杂的问题通过表达的恒等变换转化成容易解决的问题，体现了丰富的数学思想.

从变换的角度看，三角恒等变换与代数恒等变换既有相同之处又有各自特点. 相同之处在于它们都是运用一定的数学工具对相应的数学式子作"只变其形不变其质"的数学运算，对其结构形式进行变换. 由于三角函数式的差异不仅表现在其结构形式上，而且还表现在包含的角及其函数类型上，因此三角恒等变换常常需要先考虑式子中包含的各个角之间的关系，然后以这种关系为依据来选择适当的三角公式进行变换，这是三角恒等变换的主要特点. 在中学数学学习中，以一般的数学（代数）变换思想为根本，在类比、特殊化、化归等思想方法上多加体会，同时要注意三角恒等变换的特殊性.

第二章 方程、不等式与函数

第1节 一元二次方程根与系数的关系

知识概要

1. 若一元二次方程 $ax^2+bx+c=0(a\neq 0)$ 有两个实数根 $x_1=\dfrac{-b+\sqrt{b^2-4ac}}{2a}$, $x_2=\dfrac{-b-\sqrt{b^2-4ac}}{2a}$,则有

$$x_1+x_2=\dfrac{-b+\sqrt{b^2-4ac}}{2a}+\dfrac{-b-\sqrt{b^2-4ac}}{2a}=\dfrac{-2b}{2a}=-\dfrac{b}{a};$$

$$x_1 x_2=\dfrac{-b+\sqrt{b^2-4ac}}{2a}\cdot\dfrac{-b-\sqrt{b^2-4ac}}{2a}=\dfrac{b^2-(b^2-4ac)}{4a^2}=\dfrac{4ac}{4a^2}=\dfrac{c}{a}.$$

所以,一元二次方程的根与系数之间存在下列关系:

如果方程 $ax^2+bx+c=0(a\neq 0)$ 的两个根分别是 x_1,x_2,那么 $x_1+x_2=-\dfrac{b}{a}$, $x_1\cdot x_2=\dfrac{c}{a}$. 这一关系也被称为韦达定理.

特别的,对于二次项系数为1的一元二次方程 $x^2+px+q=0$,若 x_1,x_2 是其两个根,由韦达定理可知 $x_1+x_2=-p$, $x_1\cdot x_2=q$.

2. 以两个数 x_1,x_2 为根的一元二次方程(二次项系数为1)是 $x^2-(x_1+x_2)x+x_1\cdot x_2=0$.

典型例题

例1 已知方程 $5x^2+kx-6=0$ 的一个根是2,求它的另一个根及 k 的值.

[分析] 将方程的解代入求 k 的值,再运用根与系数的关系求另一个根.

解法一:∵2是方程的一个根,

∴ $5×2^2+k×2-6=0$,

∴ $k=-7$.

所以,方程就为 $5x^2-7x-6=0$,解得 $x_1=2, x_2=-\dfrac{3}{5}$.

所以,方程的另一个根为 $-\dfrac{3}{5}$,k 的值为 -7.

解法二:设方程的另一个根为 x_1,则 $2x_1=-\dfrac{6}{5}$,

∴ $x_1=-\dfrac{3}{5}$.

由 $\left(-\dfrac{3}{5}\right)+2=-\dfrac{k}{5}$,得 $k=-7$.

所以,方程的另一个根为 $-\dfrac{3}{5}$,k 的值为 -7.

[**总结**] 运用根与系数代入求解时,通常可以列成方程组求解.

例 2 已知关于 x 的方程 $x^2+2(m-2)x+m^2+4=0$ 有两个实数根,并且这两个实数根的平方和比两个根的积大 21,求 m 的值.

[**分析**] 根据两个实数根的平方和比两个根的积大 21,将两根和与两根积用 m 的代数式代入,转变为关于 m 的方程.

解:设 x_1,x_2 是方程的两根,由韦达定理,得 $x_1+x_2=-2(m-2)$,$x_1·x_2=m^2+4$.

∵ $x_1^2+x_2^2-x_1·x_2=21$,

∴ $(x_1+x_2)^2-3x_1·x_2=21$,

即 $[-2(m-2)]^2-3(m^2+4)=21$,化简,得 $m^2-16m-17=0$,解得 $m=-1$,或 $m=17$.

当 $m=-1$ 时,方程为 $x^2+6x+5=0$,$\Delta>0$,满足题意;

当 $m=17$ 时,方程为 $x^2+30x+293=0$,$\Delta=30^2-4×1×293<0$,不合题意,舍去.

综上,$m=-1$.

[**总结**] 1. 解题中用到了关系式:$x_1^2+x_2^2=(x_1+x_2)^2-2x_1x_2$.

2. 在本题的解题过程中,也可以先研究满足方程有两个实数根所对应的 m 的范围,然后再由"两个实数根的平方和比两个根的积大 21"求出 m 的值,取满足条件的 m 的值即可.

3. 在今后的解题过程中,如果仅仅由韦达定理解题时,还要考虑到根的判别式 Δ 是否大于或等于零.因为,韦达定理成立的前提是一元二次方程有实数根,即要对所得的解进行检验.

例3 已知两个数的和为6,积为-16,求这两个数.

[分析] 由两数的和、积想到是一元二次方程的两个根,从而构造方程求解.

解法一: 设这两个数分别是 x, y,则

$x + y = 6$, ①

$xy = -16$. ②

由①,得 $y = 6 - x$,代入②,得 $x(6-x) = -16$,即

$x^2 - 6x - 16 = 0$,

∴ $x_1 = -2, x_2 = 8$.

∴ $\begin{cases} x_1 = -2, \\ y_1 = 8, \end{cases}$ 或 $\begin{cases} x_2 = 8, \\ y_2 = -2. \end{cases}$

因此,这两个数是 -2 和 8.

解法二: 由韦达定理可知,这两个数是方程 $x^2 - 6x - 16 = 0$ 的两个根.

解这个方程,得 $x_1 = -2, x_2 = 8$.

所以,这两个数是 -2 和 8.

[总结] 从上面的两种解法我们不难发现,解法二(直接利用韦达定理来解题)要比解法一简捷.

例4 若 x_1 和 x_2 分别是一元二次方程 $2x^2 + 5x - 1 = 0$ 的两根.

(1) 求 $|x_1 - x_2|$ 的值;

(2) 求 $\dfrac{1}{x_1^2} + \dfrac{1}{x_2^2}$ 的值;

(3) 求 $x_1^3 + x_2^3$ 的值.

[分析] 将各个代数式转化为两根之和与积,然后利用韦达定理来解题.

解: ∵ x_1 和 x_2 分别是一元二次方程 $2x^2 + 5x - 1 = 0$ 的两根,

∴ $x_1 + x_2 = -\dfrac{5}{2}, x_1 x_2 = -\dfrac{1}{2}$.

(1) ∵ $|x_1 - x_2|^2 = x_1^2 + x_2^2 - 2x_1 x_2 = (x_1 + x_2)^2 - 4x_1 x_2$

$= \left(-\dfrac{5}{2}\right)^2 - 4 \times \left(-\dfrac{1}{2}\right)$

$= \dfrac{25}{4} + 2 = \dfrac{33}{4}$,

∴ $|x_1 - x_2| = \dfrac{\sqrt{33}}{2}$.

(2) $\dfrac{1}{x_1^2} + \dfrac{1}{x_2^2} = \dfrac{x_1^2 + x_2^2}{x_1^2 \cdot x_2^2} = \dfrac{(x_1 + x_2)^2 - 2x_1 x_2}{(x_1 x_2)^2}$

$$=\frac{\left(-\frac{5}{2}\right)^2-2\times\left(-\frac{1}{2}\right)}{\left(-\frac{1}{2}\right)^2}=\frac{\frac{25}{4}+1}{\frac{1}{4}}=29.$$

(3) $x_1^3+x_2^3=(x_1+x_2)(x_1^2-x_1x_2+x_2^2)=(x_1+x_2)[(x_1+x_2)^2-3x_1x_2]$

$$=\left(-\frac{5}{2}\right)\times\left[\left(-\frac{5}{2}\right)^2-3\times\left(-\frac{1}{2}\right)\right]=-\frac{155}{8}.$$

[总结] 一元二次方程的两根之差的绝对值是一个重要的量,今后我们经常会遇到求这个量的问题,为了解题简便,我们可以探讨出其一般规律:

设 x_1 和 x_2 分别是一元二次方程 $ax^2+bx+c=0(a\neq 0)$ 的根,则 $x_1=\frac{-b+\sqrt{b^2-4ac}}{2a}$, $x_2=\frac{-b-\sqrt{b^2-4ac}}{2a}$,

$$\therefore |x_1-x_2|=\left|\frac{-b+\sqrt{b^2-4ac}}{2a}-\frac{-b-\sqrt{b^2-4ac}}{2a}\right|=\left|\frac{2\sqrt{b^2-4ac}}{2a}\right|$$

$$=\frac{\sqrt{b^2-4ac}}{|a|}=\frac{\sqrt{\Delta}}{|a|}.$$

[总结] 于是有下面的结论:若 x_1 和 x_2 分别是一元二次方程 $ax^2+bx+c=0$ ($a\neq 0$)的根,则 $|x_1-x_2|=\frac{\sqrt{\Delta}}{|a|}$(其中 $\Delta=b^2-4ac$).

巩固练习

1. 判断题:

    (1) 方程 $x^2+2x=5$ 的两根之和是 2,两根之积是 5.　　　　　　　(　　)

    (2) 方程 $6x^2-3x+2=0$ 的两根之和是 3,两根之积是 2.　　　　　(　　)

2. 已知 x_1,x_2 是关于 x 的方程 $(a-1)x^2+x+a^2-1=0$ 的两个实数根,且 $x_1+x_2=\frac{1}{3}$,则 $x_1x_2=$ _____.

3. 若方程 $x^2-4x+m=0$ 的一个根是 6,求另一个根和 m 的值.

4. 已知 α 是锐角,且 $\tan\alpha$,$\dfrac{1}{\tan\alpha}$ 是关于 x 的一元二次方程 $x^2-kx+k^2-8=0$ 的两个实数根,求 k 的值.

5. 已知关于 x 的方程 $x^2+(4k+1)x+2k-1=0$.
   (1) 求证:该方程一定有两个不相等的实数根;
   (2) 若 x_1,x_2 是两个实数根,且 $(x_1-2)(x_2-2)=2k-3$,求 k 的值.

6. 已知关于 x 的方程 $x^2-(2a-1)x+4(a-1)=0$ 的两个根是斜边长为 5 的直角三角形的两条直角边的长,求这个直角三角形的面积.

拓展链接

人物简介：弗朗索瓦·韦达

韦达(法语：François Viète，1540—1603 年)，法国数学家，16 世纪最有影响的数学家之一，被尊称为"代数学之父"。他是第一个引进系统的代数符号，并对方程论做了改进的数学家。

由于韦达做出了许多重要贡献，成为 16 世纪法国最杰出的数学家之一。韦达 1540 年生于法国的普瓦图[Poitou，今旺代省的丰特奈-勒孔特(Fontenay Comte)]。1603 年 12 月 13 日卒于巴黎。年轻时学习法律并当过律师。后从事政治活动，当过议会的议员。在对西班牙的战争中，曾为政府破译敌军的密码。韦达还致力于数学研究，第一个有意识地和系统地使用字母来表示已知数、未知数及其乘幂，带来了代数学理论研究的重大进步。韦达讨论了方程根的各种有理变换，发现了方程根与系数之间的关系(所以人们把叙述一元二次方程根与系数关系的结论称为"韦达定理")。

韦达从事数学研究只是出于爱好，然而他却完成了代数和三角学方面的巨著。他的《应用于三角形的数学定律》(1579 年)是韦达最早的数学专著之一，可能是西欧第一部论述 6 种三角形函数解平面和球面三角形方法的系统著作。他被称为现代代数符号之父。韦达还专门写了一篇论文"截角术"，初步讨论了正弦、余弦、正切弦的一般公式，首次把代数变换应用到三角学中。他考虑含有倍角的方程，具体给出了将 $\cos(nx)$ 表示成 $\cos(x)$ 的函数并给出当 $n \leqslant 11$ 等于任意正整数的倍角表达式。

此外，韦达最早明确给出有关圆周率 π 值的无穷运算式，而且创造了一套 10 进分数表示法，促进了记数法的改革。之后，韦达用代数方法解决几何问题的思想由笛卡儿继承，发展成为解析几何学。韦达从某个方面讲，又是几何学方面的权威，他通过 393 416 个边的多边形计算出圆周率，精确到小数点后 9 位，在相当长的时间里处于世界领先地位。

第二章　方程、不等式与函数

第 2 节　二次函数与一元二次方程、一元二次不等式

函数是中学数学的重点内容,而二次函数则是最重要的函数之一,是高中阶段研究函数性质的重要载体.通过研究二次函数,我们来理解函数与不等式、方程之间的关系,感受函数解析式与图形的对应关系,体会分类讨论的数学思想.

一、二次函数的解析式

比较下列同一个二次函数的解析式的三种形式:$y=x^2-4x+3$、$y=(x-2)^2-1$、$y=(x-1)(x-3)$,它们各侧重表现了函数的哪些性质?

二次函数的解析式常表示成以下三种形式:

1. 一般式:$y=ax^2+bx+c(a\neq 0)$;

2. 顶点式:$y=a(x-h)^2+k(a\neq 0)$,其中顶点坐标是(h,k);

3. 交点式:$y=a(x-x_1)(x-x_2)(a\neq 0)$,其中$x_1,x_2$是二次函数图像与$x$轴的两个交点的横坐标.

二、二次函数的图像和性质

请同学们回答以下问题:

(1) 面对一个新的函数,我们可以研究函数的哪些方面的性质?

(2) 请你说说函数 $y=x^2-4x+3$ 有哪些性质?

(3) 函数 $y=ax^2+bx+c(a\neq 0)$呢?

二次函数 $y=ax^2+bx+c(a\neq 0)$ 具有下列性质:

(1) a 的符号反映了抛物线的开口方向,当 $a>0$ 时,函数 $y=ax^2+bx+c(a\neq 0)$图像开口向上,当 $a<0$ 时,函数 $y=ax^2+bx+c(a\neq 0)$图像开口向下.$|a|$反映了抛物线的开口大小,$|a|$越大,开口越小.

(2) 用配方法,不难得出抛物线的对称轴为直线 $x=-\dfrac{b}{2a}$,顶点坐标为 $\left(-\dfrac{b}{2a},\dfrac{4ac-b^2}{4a}\right)$.

(3) 当 $a>0$ 时,若 $x<-\dfrac{b}{2a}$,y 随着 x 的增大而减小;若 $x>-\dfrac{b}{2a}$,y 随着 x 的增大而增大;若 $x=-\dfrac{b}{2a}$,函数取最小值 $y=\dfrac{4ac-b^2}{4a}$.

当$a<0$时,若$x<-\dfrac{b}{2a}$,y随着x的增大而增大;若$x>-\dfrac{b}{2a}$,y随着x的增大而减小;若$x=-\dfrac{b}{2a}$,函数取最大值$y=\dfrac{4ac-b^2}{4a}$.

三、二次函数与一元二次方程

若二次函数$y=ax^2+bx+c(a\neq 0)$与x轴有两个公共点$(x_1,0),(x_2,0)$,即有$ax_1^2+bx_1+c=0,ax_2^2+bx_2+c=0$,故可将$x_1,x_2$看作一元二次方程$ax^2+bx+c=0$的两个实数根.由$ax^2+bx+c=0$的判别式知道:

(1) 当$\Delta>0$时,关于x的二次方程$ax^2+bx+c=0$有两解,其对应的二次函数$y=ax^2+bx+c(a\neq 0)$的图像与x轴有两个公共点;

(2) 当$\Delta=0$时,关于x的二次方程$ax^2+bx+c=0$有两个相同的解,其对应的二次函数$y=ax^2+bx+c(a\neq 0)$的图像与x轴有一个公共点;

(3) 当$\Delta<0$时,关于x的二次方程$ax^2+bx+c=0$没有实数解,其对应的二次函数$y=ax^2+bx+c(a\neq 0)$的图像与x轴没有公共点.

反之,(1) 若关于x的二次方程$ax^2+bx+c=0$有两解,其对应的二次函数$y=ax^2+bx+c(a\neq 0)$的图像与x轴有两个公共点,则$\Delta>0$.

仿(1)同样可得(2),(3).请自己写一写.

四、二次函数与一元二次不等式

不等式$2x+3>0$的解是$x>-\dfrac{3}{2}$;不等式$2x+3<0$的解是$x<-\dfrac{3}{2}$.对照函数$y=2x+3$的图像,不难发现,求不等式$2x+3>0$的解就是求使函数的值大于零的x的取值范围;求不等式$2x+3<0$的解就是求使函数的值小于零的x的取值范围.

从以上的一元一次不等式的解与一次函数的关系中,想一想,能不能类比用于求解一元二次不等式?

试借助函数$y=x^2-3x+2$的图像解不等式$x^2-3x+2>0$,与$x^2-3x+2<0$.

作函数$y=x^2-3x+2$的图像(如图所示).

因为$\Delta=1>0$,所以它的图像与x轴有两个不同的公共点$(1,0),(2,0)$,从图像可以看出,当$x<1$或$x>2$时,$y>0$;当$x=1$或$x=2$时,$y=0$;当$1<x<2$时,$y<0$.所以不等式$x^2-3x+2>0$的解为$x<1$或$x>2$;不等式$x^2-3x+2<0$的解为$1<x<2$.

★ 典型例题

例1 已知某二次函数的最大值为2,图像的顶点在直线$y=x+1$上,并且图像经过点$(2,-1)$,求二次函数的解析式.

[分析] 在解本例时，要充分利用题目中所给出的条件——最大值、顶点位置，从而可以将二次函数设成顶点式，再由函数图像过定点来求解出系数 a.

解：∵ 二次函数的最大值为 2，而最大值一定是其顶点的纵坐标，

∴ 顶点的纵坐标为 2，又顶点在直线 $y=x+1$ 上，

∴ $2=x+1, x=1$,

∴ 顶点坐标是 $(1,2)$.

设该二次函数的解析式为 $y=a(x-1)^2+2(a<0)$,

∵ 二次函数的图像经过点 $(2,-1)$,

∴ $-1=a(2-1)^2+2$，解得 $a=-3$.

∴ 二次函数的解析式为 $y=-3(x-1)^2+2$，即 $y=-3x^2+6x-1$.

[总结] 在解题时，由最大值确定出顶点的纵坐标，再利用顶点的位置求出顶点坐标，然后设出二次函数的顶点式，最终解决了问题. 因此，在解题时，要充分挖掘题目所给的条件，并巧妙地利用条件简捷地解决问题.

例 2 求二次函数 $y=-3x^2-6x+1$ 图像的开口方向、对称轴、顶点坐标和最大值（或最小值），并指出当 x 取何值时，y 随 x 的增大而增大（或减小），并画出该函数的图像.

解：∵ $y=-3x^2-6x+1=-3(x+1)^2+4$,

∴ 函数图像的开口向下；

对称轴是直线 $x=-1$;

顶点坐标为 $(-1,4)$;

当 $x=-1$ 时，函数 y 取最大值 $y=4$;

当 $x<-1$ 时，y 随着 x 的增大而增大；当 $x>-1$ 时，y 随着 x 的增大而减小；

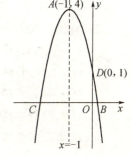

采用描点法画图，选顶点 $A(-1,4)$，与 x 轴交于点 $B\left(\dfrac{2\sqrt{3}-3}{3},0\right)$ 和 $C\left(-\dfrac{2\sqrt{3}+3}{3},0\right)$，与 y 轴的交点为 $D(0,1)$，过这五点画出图像（如图所示）.

[总结] 从这个例题可以看出，根据配方后得到的性质画函数的图像，可以直接选出关键点，减少了选点的盲目性，使画图更简便、图像更精确.

例 3 已知二次函数 $y=ax^2+bx+c(a>0, b<0)$ 的图像与 x 轴、y 轴都只有一个公共点，分别为点 A、B，且 $AB=2, b+2ac=0$. 求二次函数的解析式.

解：因为二次函数的图像与 x 轴只有一个公共点，所以 $b^2-4ac=0$，而 $b+2ac=0$，所以 $b^2+2b=0$，因为 $b<0$，所以 $b=-2$. 又 $ac=1$，且 $A\left(\dfrac{1}{a},0\right), B(0,c)$，所

以 $(AB)^2 = \left(\dfrac{1}{a}\right)^2 + c^2 = 4, (a>0)$，解得 $a = \dfrac{\sqrt{2}}{2}, c = \sqrt{2}$.

所以，二次函数的解析式为 $y = \dfrac{\sqrt{2}}{2}x^2 - 2x + \sqrt{2}$.

例 4 对一切实数 x，不等式 $ax^2 + (a-6)x + 2 > 0$ 恒成立，求常数 a 的取值范围.

[**分析**] 如果是二次函数，要使 $y > 0$ 恒成立，抛物线必须开口向上，且判别式小于零. 还要注意解题时要考虑到不等式退化为一次不等式的情形.

解：由对一切实数 x 不等式恒成立，得

(1) 当 $a = 0$ 时，不等式不恒成立；

(2) 当 $a \neq 0$ 时，$\begin{cases} a > 0, \\ \Delta = (a-6)^2 - 4a \cdot 2 < 0. \end{cases}$

解得 $2 < a < 18$.

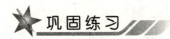

1. 二次函数 $y = 2x^2 - mx + n$ 图像的顶点坐标为 $(1, -2)$，则 $m + n =$ _____.

2. 函数 $y = 2(x-1)^2 + 2$ 的图像可以由函数 $y = 2x^2$ 的图像 （　　）

   (A) 向左平移 1 个单位、再向上平移 2 个单位而得到

   (B) 向右平移 2 个单位、再向上平移 1 个单位而得到

   (C) 向下平移 2 个单位、再向右平移 1 个单位而得到

   (D) 向上平移 2 个单位、再向右平移 1 个单位而得到

3. 已知二次函数的图像过点 $(0,2), (1,4), (2,4)$，求此二次函数的表达式.

4. 利用二次函数图像解不等式：

   (1) $x^2 + 2x - 3 \leqslant 0$；　　(2) $x - x^2 + 6 < 0$.

5. 求二次函数 $y=2x^2+3x+1$ 图像的开口方向、对称轴、顶点坐标、最大值（或最小值），并指出当 x 取何值时，y 随 x 的增大而增大（或减小），画出该函数的图像.

6. 设二次函数 $y=ax^2+bx+c$，当 $x=3$ 时取得最大值 10，且它的图像在 x 轴上截得的线段长为 4，试求二次函数的解析式.

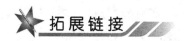

函数的起源

中国清代数学家李善兰(1811—1882)翻译的《代数学》一书中首次用中文把"function"翻译为"函数"，此译名沿用至今. 对为什么这样翻译这个概念，书中解释说"凡此变数中函彼变数者，则此为彼之函数"，这里的"函"是包含的意思.

"李善兰，字壬叔，号秋纫，浙江海宁人，从小喜爱数学，方年十龄，读书家塾，架上有古九章，窃取阅之，以为可不学而能，从此遂好算，三十后，所造渐深". 1852 年到上海参加西方数学、天文学等科学著作的翻译工作，8 年间译书 80 多卷. 1860 年以后在徐有壬、曾国藩手下充任幕僚. 1868 年到北京任同文馆天文学算馆总教习，直至病故. 李善兰的数学研究成果集中地体现在他自己编辑刊刻的《则古昔斋算学》之中，里面包括有他的数学著作 13 种. 其中《方圆阐幽》、《弧矢启秘》、《对数探源》3 种，是关于幂级数展开式方面的研究. 李善兰创造了一种尖锥术，即用尖锥的面积来表示 x^n，用求诸尖锥之和的方法来解决各种数学问题. 虽然他在创造尖锥术的时候还没有接触微积分，但实际上已经得出了有关定积分的公式. 李善兰还曾把尖锥术用于对数函数的幂级数展开.

第3节 简单的二元二次方程组和三元一次方程组

知识概要

1. 含有两个未知数,并且含有未知数的项的最高次数是 2 的整式方程叫做二元二次方程. 其中含有 x^2, xy, y^2 的项叫做这个方程的二次项,含有 x, y 的项叫做一次项,不含字母 x, y 的项叫做常数项.

我们看下面的两个方程组:

$$\begin{cases} x^2 - 4y^2 + x + 3y - 1 = 0, \\ 2x - y - 1 = 0; \end{cases}$$

$$\begin{cases} x^2 + y^2 = 20, \\ x^2 - 5xy + 6y^2 = 0. \end{cases}$$

第一个方程组是由一个二元二次方程和一个二元一次方程组成的,第二个方程组是由两个二元二次方程组成的,像这样的方程组叫做二元二次方程组.

2. 一个二元二次方程和一个二元一次方程组成的方程组一般可以用代入消元法来解.

3. 由一次方程组成的,且含有三个未知数的方程组叫做三元一次方程组.

典型例题

例1 解方程组 $\begin{cases} x^2 + 4y^2 - 4 = 0, & ① \\ x - 2y - 2 = 0. & ② \end{cases}$

[分析] 二元二次方程组对我们来说较为生疏,在解此方程组时,可以将其转化为我们熟悉的形式. 注意到方程② 是一个二元一次方程,于是,可以利用该方程消去一个元,再代入到方程①,得到一个一元二次方程,从而将所求的较为生疏的问题转化为我们所熟悉的问题.

解: 由②,得

$x = 2y + 2$, ③

把③代入①,整理得 $8y^2 + 8y = 0$, 即 $y(y+1) = 0$. 解得 $y_1 = 0, y_2 = -1$.

把 $y_1 = 0$ 代入③,得 $x_1 = 2$; 把 $y_2 = -1$ 代入③, 得 $x_2 = 0$.

所以原方程组的解是 $\begin{cases} x_1 = 2, \\ y_1 = 0; \end{cases} \begin{cases} x_2 = 0, \\ y_2 = -1. \end{cases}$

[总结] 在解类似于本例的二元二次方程组时,通常采用本例所介绍的代入消元法来求解.

例2 解方程组 $\begin{cases} x+y=7, & ① \\ xy=12. & ② \end{cases}$

[分析] 可以采用代入消元或构造一元二次方程求解.

解法一:由①,得
$$x=7-y. \qquad ③$$
把③代入②,整理得 $y^2-7y+12=0.$

解这个方程,得 $y_1=3, y_2=4.$ 把 $y_1=3$ 代入③,得 $x_1=4$;把 $y_2=4$ 代入③,得 $x_2=3.$

所以原方程的解是 $\begin{cases} x_1=4, \\ y_1=3; \end{cases} \begin{cases} x_2=3, \\ y_2=4. \end{cases}$

解法二:对这个方程组,也可以根据一元二次方程的根与系数的关系,把 x,y 看作一个一元二次方程的两个根,通过解这个一元二次方程来求 $x,y.$

这个方程组的 x,y 是一元二次方程 $z^2-7z+12=0,$ 的两个根,解这个方程,得 $z=3,$ 或 $z=4.$

所以原方程组的解是 $\begin{cases} x_1=4, \\ y_1=3; \end{cases} \begin{cases} x_2=3, \\ y_2=4. \end{cases}$

[总结] 构造方程求解时,注意有两组解时要分开表示.

例3 解方程组 $\begin{cases} x^2+y^2=25, \\ x^2-5x-y^2-5y=0. \end{cases}$

[分析] 将两个二元二次方程其中的一个转化为二元一次方程,再求解.

解:由 $x^2-5x-y^2-5y=0,$ 得 $(x+y)(x-y-5)=0,$ 所以 $x+y=0$ 或 $x-y-5=0.$

原方程组可化为两个方程组:(1) $\begin{cases} x^2+y^2=25, \\ x+y=0; \end{cases}$ (2) $\begin{cases} x^2+y^2=25, \\ x-y-5=0. \end{cases}$

由(1)得 $\begin{cases} x_1=\dfrac{5\sqrt{2}}{2}, \\ y_1=-\dfrac{5\sqrt{2}}{2}; \end{cases} \begin{cases} x_2=-\dfrac{5\sqrt{2}}{2}, \\ y_2=\dfrac{5\sqrt{2}}{2}. \end{cases}$

由(2)得 $\begin{cases} x_3=0, \\ y_3=-5; \end{cases} \begin{cases} x_4=5, \\ y_4=0. \end{cases}$

所以原方程组的解是 $\begin{cases} x_1 = \dfrac{5\sqrt{2}}{2}, \\ y_1 = -\dfrac{5\sqrt{2}}{2}; \end{cases}$ $\begin{cases} x_2 = -\dfrac{5\sqrt{2}}{2}, \\ y_2 = \dfrac{5\sqrt{2}}{2}; \end{cases}$ $\begin{cases} x_3 = 0, \\ y_3 = -5; \end{cases}$ $\begin{cases} x_4 = 5, \\ y_4 = 0. \end{cases}$

[总结] 在解类似于本例的由两个二元二次方程组成的方程组时,通常采用本例所介绍的将其中一个二元二次方程分解降次为两个二元一次方程,然后组成两个类似于例 1 的方程组,再用代入消元法来求解.

例 4 解方程组 $\begin{cases} 3x+2y+z=13, & ① \\ x+y+2z=7, & ② \\ 2x+3y-z=12. & ③ \end{cases}$

[分析] 解三元一次方程组的关键是消元,转化为二元或一元再求解.

解: ①+③,得

$5x+5y=25$, ④

①×2−②,得

$5x+3y=19$, ⑤

解由④,⑤ 组成的方程组,得 $\begin{cases} x=2, \\ y=3. \end{cases}$

把 $x=2, y=3$ 代入①,得 $z=1$.

所以原方程组的解是 $\begin{cases} x=2, \\ y=3, \\ z=1. \end{cases}$

[总结] 消元常用的方法是代入消元和加减消元.

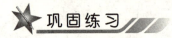

巩固练习

1. 解下列方程组:

(1) $\begin{cases} 3x+4z=7, \\ 2x+3y+z=0, \\ 5x-9y+7z=8; \end{cases}$
(2) $\begin{cases} x+y=1, \\ y+z=6, \\ z+x=3. \end{cases}$

2. 解下列方程组：

(1) $\begin{cases} y = x + 5, \\ x^2 + y^2 = 625; \end{cases}$

(2) $\begin{cases} x + y = 3, \\ xy = -10. \end{cases}$

3. 解下列方程组：

(1) $\begin{cases} \dfrac{x^2}{5} + \dfrac{y^2}{4} = 1, \\ y = x - 3; \end{cases}$

(2) $\begin{cases} y^2 = 2x, \\ x^2 + y^2 = 8. \end{cases}$

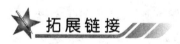

高次方程与线性代数方程组

整式方程未知数次数最高项次数高于二次的方程，称为高次方程. 高次方程解法思想是通过适当的方法，把高次方程化为次数较低的方程求解. 对于五次及以上的一元高次方程没有通用的代数解法和求根公式(即通过各项系数经过有限次四则运算和乘方和开方运算无法求解)，这称为阿贝尔定理. 换句话说，只有三次和四次的高次方程可用根式求解.

伽罗华15岁进入巴黎有名的公立中学学习，偏爱数学. 后来想进工科大学，两次落榜后只进了一所低等的预备学校. 此后，他专攻五次方程代数解法. 第一年写了四篇文章，1828年，17岁的伽罗华写了《关于五次方程的代数解法问题》等两篇论文送交法国科学院，但被柯西(Cauchy, 1789—1875)遗失，后来，他又把一篇文章送给傅利(Fourier, 1768—1830). 不久，傅利就去世了，也就不了了之. 1831年，伽罗华完成了《关于用根式解方程的可解性条件》一文，院士普阿松(Poisson, 1781—1840)的审查意见却是"完全不能理解"，予以退回. 伽罗华不幸因决斗受重伤于1832年5月31日离世，时年不满21岁，在决斗前夜，他深知为女友决斗而死毫无意义,但又不甘示弱,当晚他精神高度紧张和极度不安,连呼"我没有时间了!"匆忙之中,把他关于方程论的发现草草写成几页说明寄给他的朋友,并附有如下一段话:"你可以公开地请求雅可比(Jacobi)或高斯,不是对于这些定理的真实性而是对于其重要性表示意见,将来我希望有人会发现这堆东西注释出来对于他们是有益的."

到了 1864 年,刘维尔(Liouville,1809—1882)在由他创办的《纯粹数学和应用数学杂志》上发表了伽罗华的部分文章.关于伽罗华理论的头一个全面而清楚的介绍是乔丹(Jordan,1838—1892)于 1870 年出版的《置换和代数方程专论》一书中给出的.这样,伽罗华超越时代的天才思想才逐渐被人们所理解和承认,至今已成为一门蓬勃发展的学科——抽象代数学.伽罗华避开了拉格朗日的难以捉摸的预解式而巧妙地应用了置换群这一工具,他不但证明一般代数方程,当 $n \geqslant 5$ 时不可用根号求根,而且还建立了具体数学系数的代数方程可用根号求解的判别准则,并举出不能用根号求解的数字系数代数方程的实例.这样,他就透彻地解决了这个长达二百多年来的时间使不少数学家伤脑筋的问题.不仅如此,伽罗华所发现的结果、他的奇特思想和巧妙方法,现又成为全部代数的中心内容.在这一点上说,他作为抽象代数的创造人之一是当之无愧的.他的贡献决不限于解决代数方程根号求解的问题.

随着时间的推移,伽罗华的卓越贡献越来越为数学家所认识.他的学术思想对近代数学产生了深远的影响:他开创的群论逐渐渗透到数学其他分支,以及结晶学、理论物理学等领域,群论给这些领域提供了有力的数学工具,比如用群论证明了结晶体的类型只有 230 种,群论为诸如方程的根、晶体的结构、空间变换、基本粒子的对称性等课题的研究提供统一的方法.到 20 世纪,群论的概念在整个数学中占有重要的地位,成为现代数学的基础之一.

由于费马和笛卡儿的工作,线性代数基本上出现于 17 世纪.直到 18 世纪末,线性代数的领域还只限于平面与空间.19 世纪上半叶才完成了到 n 维向量空间的过渡.1888 年,皮亚诺以公理的方式定义了有限维或无限维向量空间.托普利茨将线性代数的主要定理推广到任意体上的最一般的向量空间中.线性映射的概念在大多数情况下能够摆脱矩阵计算而引导到固有的推理,就是说不依赖于基的选择.不用交换体而用未必交换之体或环作为算子之定义域,这就引向模的概念,这一概念很显著地推广了向量空间的理论和重新整理了 19 世纪所研究过的情况.

"代数"这一个词在我国出现较晚,在清代时才传入中国,当时被人们译成"阿尔热巴拉",直到 1859 年,清代著名的数学家、翻译家李善兰才将它翻译成为"代数学",一直沿用至今.

第4节　含字母系数的方程

知识概要

一、含有字母系数的一元一次方程

如何解含有字母系数的一元一次方程？

一般地，对于含有字母系数的一元一次方程一般是利用等式的性质将方程转化为 $ax=b$（其中 a,b 为已知数）的形式.

(1) 若 $a\neq 0$，则方程为一元一次方程，此时有唯一解 $x=\dfrac{b}{a}$；

(2) 若 $a=0,b=0$，则原方程变为 $0 \cdot x=0$，由 0 乘以任何数都为 0 可知，方程的解为一切实数；

(3) 若 $a=0,b\neq 0$，则原方程变为 $0 \cdot x=b$，由 0 乘以任何数都为 0 可知，方程无解.

二、含有字母系数的一元二次方程

如何解含有字母系数的一元二次方程？

首先是判断方程是否有实数解，其判断方法是判别式是否大于(或等于)0.

典型例题

例 1　解关于 x 的方程 $(a^2+10a+9)x=(a^2+12a+11)$.

解：原方程变形为 $(a+1)(a+9)x=(a+1)(a+11)$.

(1) 当 $a\neq -1$ 且 $a\neq -9$ 时，方程的解为 $x=\dfrac{a+11}{a+9}$；

(2) 当 $a=-1$ 时，原方程变为 $0 \cdot x=0$，故不论 x 取何值，等式总成立，所以，当 $a=-1$ 时，方程的解为一切实数；

(3) 当 $a=-9$ 时，原方程变为 $0 \cdot x=-16$，不论 x 取何值，都不会有 $0 \cdot x=-16$，所以，当 $a=-9$ 时，原方程无解.

[总结]　本题是解关于 x 的方程，其含义是这个方程中只有 x 是未知数，而字母 a 为已知字母(已知数)，故解题时，可视字母 a 为常数，像解一般的一元一次方程一样，按步骤去解即可，但字母 a 的取值没有明确，故具体解题时还需要分情况讨论，这一方法叫做分类讨论. 分类讨论这一思想方法是高中数学中一个非常重要的方法，在今后的解题中会经常地运用这一方法来解决问题

例2 解关于 x 的方程 $\frac{m}{3}(x-n)=\frac{1}{4}(x-m)$.

解：将原方程整理，得 $(4m-3)x=4mn-3m$.

(1) 当 $4m-3\neq 0$，即 $m\neq \frac{3}{4}$ 时，方程的解为 $x=\frac{4mn-3m}{4m-3}$；

(2) 当 $4m-3=0$，即 $m=\frac{3}{4}$ 时，方程即 $0\cdot x=3n-\frac{9}{4}$. 此时，① 若 $n=\frac{3}{4}$，则 $0\cdot x=0$，方程的解为一切实数；② 若 $n\neq \frac{3}{4}$，则方程无解.

例3 解关于 x 的方程：

(1) $x^2-ax-1=0$；(2) $x^2-ax+(a-1)=0$；(3) $x^2-2x+a=0$.

解：(1) 该方程的根的判别式 $\Delta=a^2-4\times 1\times(-1)=a^2+4>0$，所以方程一定有两个不等的实数根：$x_1=\frac{a+\sqrt{a^2+4}}{2}$，$x_2=\frac{a-\sqrt{a^2+4}}{2}$.

(2) 由于该方程的根的判别式为 $\Delta=a^2-4\times 1\times(a-1)=a^2-4a+4=(a-2)^2$，所以，

① 当 $a=2$ 时，$\Delta=0$，所以方程有两个相等的实数根 $x_1=x_2=1$；

② 当 $a\neq 2$ 时，$\Delta>0$，所以方程有两个不相等的实数根 $x_1=1, x_2=a-1$.

(3) 由于该方程的根的判别式为 $\Delta=2^2-4\times 1\times a=4-4a=4(1-a)$，所以，

① 当 $\Delta>0$，即 $4(1-a)>0$，即 $a<1$ 时，方程有两个不相等的实数根 $x_1=1+\sqrt{1-a}$，$x_2=1-\sqrt{1-a}$；

② 当 $\Delta=0$，即 $a=1$ 时，方程有两个相等的实数根 $x_1=x_2=1$；

③ 当 $\Delta<0$，即 $a>1$ 时，方程没有实数根.

[**总结**] 解含有字母系数的一元二次方程，方程根的情况由此方程根的判别式的符号确定. 在例3的(2)和(3)题中，方程根的判别式的符号随着 a 的取值的变化而变化，于是，在解题过程中，需要对 a 的取值情况进行讨论.

巩固练习

1. 解关于 x 的方程：$4a^2-x=2ax+1$.

2. 在梯形面积公式 $S=\dfrac{1}{2}(a+b)h$ 中，已知 a、h、S，用 a、h、S 的代数式表示 b.

3. 已知关于 x 的方程 $a(2x-1)=3x-2$ 无解，试求 a 的值.

4. 若关于 x 的方程 $mx^2+(2m+1)x+m=0$ 有两个不相等的实数根，则实数 m 的取值范围是_____.

5. 解关于 x 的方程：$x^2-2x-m=0$.

6. 解关于 x 的方程：$k(x+1)^2=3x^2$.

拓展链接

方程的来历

现在我们所说的方程的确切定义是指含有未知数的等式. 但是方程一词在我国早期的数学专著《九章算术》中,指的是包含多个未知量的联立一次方程,即现在所说的线性方程组.

《九章算术》有一道题目,把它翻译成现代语言就是:现在这里有上等黍 3 捆、中等黍 2 捆、下等黍 1 捆,打出的黍共有 39 斗;上等黍 2 捆、中等黍 3 捆、下等黍 1 捆,打出的黍共有 34 斗;另有上等黍 1 捆、中等黍 2 捆、下等黍 3 捆,打出的黍共 26 斗. 请你回答,上、中、下等黍各 1 捆所打黍的斗数. 可设上、中、下等黍各 1 捆所打黍的斗数分别为 x,y,z,根据题意列方程:

$3x+2y+z=39$ ①

$2x+3y+z=34$ ②

$x+2y+3z=26$ ③

但是《九章算术》里并没有列出像上面的方程来,而是画出一个等式,通过等式计算出答案来.

到了魏晋时期,大数学家刘徽注《九章算术》时,给这种"方程"下的定义是:"程,课程也,群物总杂各列有数,总言其实,令每行为率. 二物者再程,三物者三程,皆如物数程之,并列为行,故谓之方程." 大家应该注意的是,这里所谓的"课程"也不是我们今天所说的课程,而是按不同物品的数量关系列出的式子. "实"就是式中的常数项. "令每行为率"就由一个条件列一行式子,横列代表一个未知量. "如物数程之"就是有几个未知数就必须列出几个等式. 因为各项未知量系数和常数项用等式表示时,几行并列成一方形,所以叫做"方程",它就是现在代数中讲的联立一次方程组.

《九章算术》中还列出了解一次方程组的普遍方法——"方程术". 当时又叫它"直除法",和现在代数学中能用的加减消元法是基本一致的,而这也是世界上最早的. 这种解法,公元 7 世纪印度才出现,在欧洲,1559 年,瑞士数学家彪奇才开始用不同的字母表示不同的未知数,并提出三元一次方程组不很完整的解法,因为他们那时还没有认识到负数,这比《九章算术》要迟 1 500 多年.

第三章 平面几何

第1节 相似三角形

知识概要

1. 识别两个三角形相似的方法有：
(1) 如果两个三角形的_____,那么这两个三角形相似;
(2) 如果两个三角形的_____,那么这两个三角形相似;
(3) 如果两个三角形的_____,那么这两个三角形相似.

2. 相似多边形的性质：
(1) 相似三角形对应高的比、对应角平分线的比和对应中线的比都等于相似比；
(2) 相似多边形的周长比等于相似比,面积比等于相似比的平方(或相似比等于面积比的算术平方根).

3. 设 Rt△ABC 的斜边 AB 上的高为 CD(如图所示),则下列关系式是经常用到的,应熟练掌握：
$AC^2+BC^2=AB^2$, $AC \cdot BC=AB \cdot CD$,
$AC^2=AD \cdot AB$, $BC^2=BD \cdot AB$, $CD^2=AD \cdot BD$.

[想一想] 上述各式分别是如何得到的？

4. 如图,如果 $DE \parallel BC$,
则△_____∽△_____,
故 $\dfrac{AD}{AB}=$ _____ = _____ ,
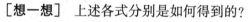
进而有 $\dfrac{AD}{BD}=$ _____ , $\dfrac{BD}{AB}=$ _____ ,
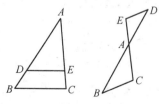
用语言叙述为：
(1) 平行于三角形一边的直线与三角形的其他两边(或两边的延长线)相交,所得到的三角形与原三角形相似；

(2) 平行于三角形一边的直线与三角形的其他两边(或两边的延长线)相交,所截得的对应线段成比例.

典型例题

例1 (2009 泰安)如图所示,△ABC 是直角三角形,∠ACB=90°,CD⊥AB 于 D,E 是 AC 的中点,ED 的延长线与 CB 的延长线交于点 F.

(1) 求证:$FD^2 = FB \cdot FC$.

(2) 若 G 是 BC 的中点,连接 GD,GD 与 EF 垂直吗?并说明理由.

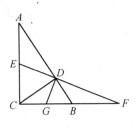

证明:(1) ∵ E 是 Rt△ACD 斜边中点,

∴ DE=EA.

∴ ∠A=∠2.

∵ ∠1=∠2,

∴ ∠1=∠A.

∵ ∠FDC=∠CDB+∠1=90°+∠1,∠FBD=∠ACB+∠A=90°+∠A,

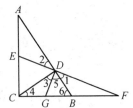

∴ ∠FDC=∠FBD.

∵ ∠F 是公共角,

∴ △FBD∽△FDC.

∴ $\dfrac{FB}{FD} = \dfrac{FD}{FC}$.

∴ $FD^2 = FB \cdot FC$.

(2) GD⊥EF.

理由如下:

∵ DG 是 Rt△CDB 斜边上的中线,

∴ DG=GC.

∴ ∠3=∠4.

由(1)得∠4=∠1,

∴ ∠3=∠1.

∵ ∠3+∠5=90°,

∴ ∠5+∠1=90°.

∴ DG⊥EF.

例2 已知:如图所示,AD 是△ABC 中 BC 边上的中线,∠CAD=∠B,E 点在 AD 的延长线上,∠E=∠ADB. 求证:$\dfrac{AC^2}{AB^2} = \dfrac{AE}{AD}$.

[分析] 比例式左右两边乘方的次数不同,可以考虑次数高的比的若干个等比,能否"约分化简"得到求证式,也可以考虑把 $\dfrac{AC^2}{AB^2}$ 看成两个相似三角形对应边的平方比,通过相似三角形的面积比得到求证式.

证明:过点 B 作 $BN \perp AE$ 于点 N,过点 C 作 $CM \perp AE$ 于点 M.

∵ $\angle CAD = \angle B, \angle E = \angle ADB$,

∴ $\triangle CAE \sim \triangle ABD$,

∴ $\dfrac{S_{\triangle CAE}}{S_{\triangle ABD}} = \dfrac{AC^2}{AB^2}$,

∵ AD 是 $\triangle ABC$ 中 BC 边上的中线,

∴ $\triangle BND \cong \triangle CMD$.

∴ $BN = CM$.

∴ $\dfrac{S_{\triangle CAE}}{S_{\triangle ABD}} = \dfrac{\frac{1}{2} \cdot AE \cdot CM}{\frac{1}{2} \cdot AD \cdot BN} = \dfrac{AE}{AD}$,

∴ $\dfrac{AC^2}{AB^2} = \dfrac{AE}{AD}$.

例 3 求证:等边三角形内任一点到各边的距离的和是一个定值.

已知:$\triangle ABC$ 中,$AB = BC = AC$,D 是形内任一点,$DE \perp BC$,$DF \perp AC$,$DG \perp AB$,E,F,G 是垂足. 求证:$DE + DF + DG$ 是一个定值.

[分析] 利用面积相等来证明.

证明:连结 DA, DB, DC,设 $\triangle ABC$ 的边长为 a,

∵ $S_{\triangle ABC} = S_{\triangle DBC} + S_{\triangle DCA} + S_{\triangle DAB}$,

∴ $\dfrac{1}{2} a h_a = \dfrac{1}{2} a (DE + DF + DG)$,

∴ $DE + DF + DG = h_a$.

∵ 等边三角形的高 h_a 是一个定值,

∴ $DE + DF + DG$ 是一个定值.

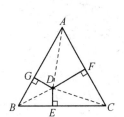

[总结] 本题可推广到任意正 n 边形,其定值是边心距的 n 倍.

例 4 如图,在正方形 $ABCD$ 中,E 是 BC 上的一点,连结 AE,作 $BF \perp AE$,垂足为 H,交 CD 于 F,作 $CG \parallel AE$,交 BF 于 G.

(1) 求证 $CG = BH$;

(2) $FC^2 = BF \cdot GF$;

(3) $\dfrac{FC^2}{AB^2} = \dfrac{GF}{GB}$.

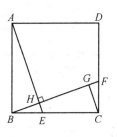

[分析] （1）可证△ABH≌△BCG；（2）证△CFG∽△BFC可得；（3）先证△BCG∽△BFC得$BC^2=BF \cdot BG$，结合$AB=BC$可得.

证明：(1) ∵ $BF \perp AE$，$CG // AE$，

∴ $CG \perp BF$.

∵ 在正方形ABCD中，∠ABH+∠CBG=90°，∠CBG+∠BCG=90°，∠BAH+∠ABH=90°，

∴ ∠BAH=∠CBG，∠ABH=∠BCG，

∵ $AB=BC$，

∴ △ABH≌△BCG，

∴ $CG=BH$.

(2) ∵ ∠BFC=∠CFG，∠BCF=∠CGF=90°，

∴ △CFG∽△BFC，∴ $\dfrac{FC}{BF}=\dfrac{GF}{FC}$，

即 $FC^2=BF \cdot GF$.

(3) 由(2)可知，$BC^2=BG \cdot BF$，

∵ $AB=BC$，∴ $AB^2=BG \cdot BF$，

∴ $\dfrac{FC^2}{BC^2}=\dfrac{FG \cdot BF}{BG \cdot BF}=\dfrac{FG}{BG}$，即 $\dfrac{FC^2}{AB^2}=\dfrac{GF}{GB}$.

[总结] 本题考查了正方形的性质、全等三角形和相似三角形的判定与性质，解题的关键是找到全等（或相似）三角形，并找到三角形全等（或相似）的条件.

巩固练习

1. 如图，D是AB边上的一点，E是AC边上的一点，且∠ADE=∠C，若$AE=2$，$EC=3$，则$AD \cdot AB=$ _____.

2. 如图，$AB // EF // CD$，若$AB=6$，$CD=4$，那么$EF=$ _____.

3. 在Rt△ABC中，AD是斜边上的高，若$AB=\sqrt{3}$，$DC=2$，则$BD=$ _____，$AC=$ _____.

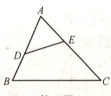

第1题

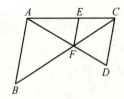

第2题

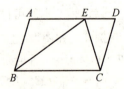

第4题

4. 如图，在平行四边形ABCD中，$AD=10$，$CD=6$，E为AD上一点，且$BE=BC$，$CE=CD$，则$DE=$ _____.

5. 如图,平行四边形 ABCD 中,F 在 DA 的延长线上,CF 与 AB 相交于点 E,连结 DE、BF. 求证:△ADE 与△BEF 的面积相等.

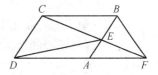

6. 如图,在平行四边形 ABCD 中,∠ABC 的平分线 BF 分别与 AC、AD 交于点 E、F.
   (1) 求证:AB=AF;
   (2) 当 AB=3,BC=5 时,求 $\dfrac{AE}{AC}$ 的值.

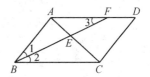

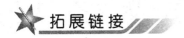

位似变换的应用

位似作为一种重要的几何变换,在实际问题中有着不可替换的地位. 介绍几个应用位似作图的例子,供比较学习之用.

先看一个问题:如何在一张三角形纸片上剪出一个最大的正方形?

剪出一个矩形是容易的,如图 1. 但是要保证 DEGF 是一个正方形确实不易. 如果尝试直接在边上取点,矩形 DEGF 不是太高就是太扁,总不能恰如其分. 如果设 $BC=a$,BC 边上的高为 h,可以算出正方形 DEGF 的边长为 $ah/(a+h)$,这么长的线段是可以作出来的,在此意义下,该问题已经解决. 但这个解法依赖于线段的度量值,手工作图误差较大,且并不直接,因此有必要寻找一个更好的解法.

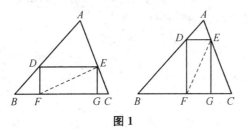

图 1

我们观察这个图形,可以发现矩形 $DEGF$ 其实完全决定于直角三角形 DEF,因此只要使得△DEF 为等腰直角三角形即可解决问题.

在纸上任意画一个等腰直角三角形是容易的,但是要把它的三个顶点分别落在已知三角形的三条边上(此情形称为"内接")却有点困难. 但如果这个问题解决了,意味着开始的问题也能解决,因此我们转向一个新的问题:在△ABC 上作一个内接△DEF,使得三条边与已知△PQR 的三边分别平行.

开始也要尝试,如图2,我们先在 AB、AC 上取 D、E,使得 $DE/\!/PQ$,再作 $DF/\!/PR$,$EF/\!/QR$,可以发现,F 点未必正好落在 BC 上,这是问题的关键. 如果多试几次可以发现,这样的 F 都在由 A 出发的一条射线上,且△$D_1E_1F_1 \backsim$△DEF,因此 △$D_1E_1F_1$ 和△DEF 是以 A 为位似中心的位似图形. 根据位似图形的性质,对应点都在经过位似中心的直线上,因此记 AF_1 与 BC 的交点为 F,从 F 作 $DF/\!/PR$,$EF/\!/QR$,交点分别在 AB、AC 上,DEF 就是所求,见图中粗线.

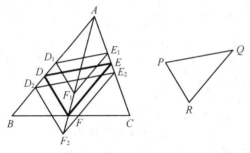

图 2

以上分析过程的关键是看到了所有的尝试答案都是关于 A 点的位似图形,但其中只有一个是我们需要的,这是问题的本质. 如果我们调整△PQR 为等腰直角三角形,且 $PQ/\!/BC$,$PR \perp BC$,则开始的问题迎刃而解.

再看一个问题:已知圆 P 和△ABC,求作圆 P 的内接△DEF,其三边分别与△ABC 的三边平行.

如果尝试刚才的方法分析这个问题,你会发觉在此行不通了,因此必须另寻他路. 我们采用的思路是几何证明中的"分析法",即先假设答案已经有了,它必须具备什么性质,最后我们可以根据该性质作图.

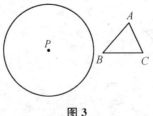

图 3

如果图形已经作出,如图 4.那么△ABC 和△DEF 有个位似中心 O,这两个三角形的外接圆也关于 O 位似,且有相同的位似比.因此,我们不妨先作出△ABC 的外接圆 Q,再作出两个圆的位似中心 O,再利用 O 把△ABC 放缩(位似就是放缩)到圆 P 上,即得△DEF.

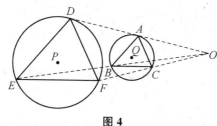

图 4

几点说明:

1. 上述作图的位似中心 O 其实就是两圆的公切线的交点,故不特别说明其作法;

2. 由于任意两个不等的圆有两种方式构成位似图形:将两圆心间的线段按照半径之比外分和内分,分别得到外位似中心 O_2 和内位似中心 O_1,以上解答我们是选取了外位似中心.因此如果△ABC 的外接圆和已知圆 P 的半径不等,答案有 2 个.如图 5,△$D_1E_1F_1$ 对应于 O_2,△$D_2E_2F_2$ 对应于 O_1,△$D_1E_1F_1$ 和△$D_2E_2F_2$ 全等,且对应边互相平行.

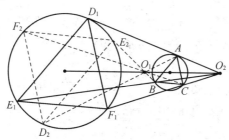

图 5

3. 如果凑巧 ABC 的外接圆和已知圆 P 的半径相等,如图 6,那么可视作外位似中心在无穷远处,位似相当于平移,△$D_1E_1F_1$ 是△ABC 平移的结果;内位似中心就是两圆圆心连线的中点,△$D_2E_2F_2$ 和△ABC 关于内位似中心成中心对称.

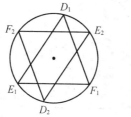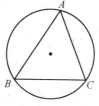

图 6

第2节　三角形的"四心"

知识概要

三角形是最重要的基本平面图形,很多较复杂的图形问题可以化归为三角形的问题.

如图1,在△ABC中,有三条边 AB,BC,CA,三个角∠A,∠B,∠C,三个顶点 A,B,C,在三角形中,角平分线、中线、高(图2)是三角形中的三种重要线段.

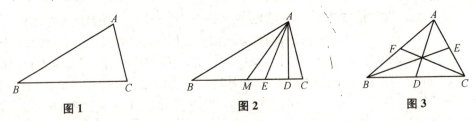

图1　　　　　　　　图2　　　　　　　　图3

一、三角形的重心

三角形的三条中线相交于一点,这个交点称为三角形的重心.三角形的重心在三角形的内部,恰好是每条中线的三等分点.

二、三角形的内心

三角形的三条角平分线相交于一点,是三角形的内心.

三角形的内心在三角形的内部,它到三角形的三边的距离相等(如右图所示).

三、三角形的垂心

三角形的三条高所在直线相交于一点,该点称为三角形的垂心.锐角三角形的垂心一定在三角形的内部,直角三角形的垂心为它的直角顶点,钝角三角形的垂心在三角形的外部(如下图所示).

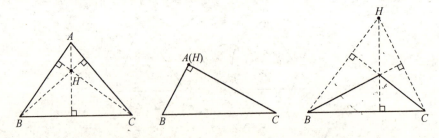

四、三角形的外心

过不共线的三点 A、B、C 有且只有一个圆,该圆是三角形 ABC 的外接圆,圆心 O 为三角形的外心. 三角形的外心到三个顶点的距离相等,是各边的垂直平分线的交点.

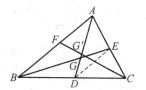

典型例题

例 1 求证三角形的三条中线交于一点,且被该交点分成的两段长度之比为 2∶1.

已知:D、E、F 分别为 △ABC 三边 BC、CA、AB 的中点.

求证:AD、BE、CF 交于一点,且都被该点分成 2∶1.

证明:连结 DE,设 AD、BE 交于点 G,

∵ D、E 分别为 BC、AE 的中点,则 DE∥AB,且 $DE=\frac{1}{2}AB$,

∴ △GDE∽△GAB,且相似比为 1∶2,

∴ $AG=2GD$,$BG=2GE$.

设 AD、CF 交于点 G',同理可得,$AG'=2G'D$,$CG'=2G'F$.

则 G 与 G' 重合,

∴ AD、BE、CF 交于一点,且都被该点分成 2∶1.

例 2 已知 △ABC 的三边长分别为 $BC=a$,$AC=b$,$AB=c$,I 为 △ABC 的内心,且 I 在 △ABC 的边 BC、AC、AB 上的射影分别为 D、E、F. 求证:$AE=AF=\frac{b+c-a}{2}$.

证明:作 △ABC 的内切圆,则 D、E、F 分别为内切圆在三边上的切点,

∵ AE,AF 为圆的从同一点作的两条切线,

∴ $AE=AF$,

同理,$BD=BF$,$CD=CE$.

∴ $b+c-a=AE+CE+AF+BF-BD-CD=AF+AE=2AF=2AE$.

即 $AE=AF=\frac{b+c-a}{2}$.

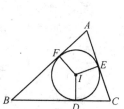

例 3 若三角形的内心与重心为同一点,求证:这个三角形为正三角形.

已知:O 为三角形 ABC 的重心和内心.

求证:三角形 ABC 为等边三角形.

证明:如图,连 AO 并延长交 BC 于 D.

∵ O 为三角形的内心,故 AD 平分 $\angle BAC$,

∴ $\dfrac{AB}{AC}=\dfrac{BD}{DC}$(角平分线性质定理),

∵ O 为三角形的重心,D 为 BC 的中点,即 $BD=DC$,

∴ $\dfrac{AB}{AC}=1$,即 $AB=AC$.

同理可得,$AB=BC$.

∴ $\triangle ABC$ 为等边三角形.

推论 1 正三角形三条边长相等,三个角相等,且四心(内心、重心、垂心、外心)合一,该点称为正三角形的中心.

推论 2 等腰三角形底边上三线(角平分线、中线、高线)合一. 因而在等腰三角形 ABC 中,三角形的内心 I、重心 G、垂心 H 必然在一条直线上.

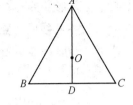

例 4 在 $\triangle ABC$ 中,$AB=AC=3$,$BC=2$. 求:

(1) $\triangle ABC$ 的面积 $S_{\triangle ABC}$ 及 AC 边上的高 BE;

(2) $\triangle ABC$ 的内切圆的半径 r;

(3) $\triangle ABC$ 的外接圆的半径 R.

解:(1) 如图 1 所示,作 $AD\perp BC$ 于 D.

∵ $AB=AC$,

∴ D 为 BC 的中点,

∴ $AD=\sqrt{AB^2-BD^2}=2\sqrt{2}$,

∴ $S_{\triangle ABC}=\dfrac{1}{2}\times 2\times 2\sqrt{2}=2\sqrt{2}$.

又 $S_{\triangle ABC}=\dfrac{1}{2}AC\cdot BE$,解得 $BE=\dfrac{4\sqrt{2}}{3}$.

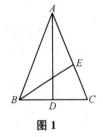

图 1

(2) 如图 2 所示,I 为内心,则 I 到三边的距离均为 r,连 IA,IB,IC,

$S_{\triangle ABC}=S_{\triangle IAB}+S_{\triangle IBC}+S_{\triangle IAC}$,

即 $2\sqrt{2}=\dfrac{1}{2}AB\cdot r+\dfrac{1}{2}BC\cdot r+\dfrac{1}{2}CA\cdot r$,

解得 $r=\dfrac{\sqrt{2}}{2}$.

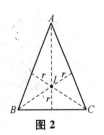

图 2

(3) 见图 3,∵ $\triangle ABC$ 是等腰三角形,

∴ 外心 O 在 AD 上,连结 BO,

则 $Rt\triangle OBD$ 中,$OD=AD-R$,$OB^2=BD^2+OD^2$,

∴ $R^2=(2\sqrt{2}-R)^2+1^2$,解得 $R=\dfrac{9\sqrt{2}}{8}$.

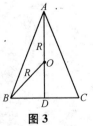

图 3

巩固练习

1. 已知:在 $\triangle ABC$ 中,$AB=AC$,$\angle BAC=120°$,AD 为 BC 边上的高,则下列结论中,正确的是 （   ）

   (A) $AD=\dfrac{\sqrt{3}}{2}AB$ (B) $AD=\dfrac{1}{2}AB$

   (C) $AD=BD$ (D) $AD=\dfrac{\sqrt{2}}{2}BD$

2. 三角形三边长分别是 6、8、10,那么它最短边上的高为 （   ）
   (A) 6   (B) 4.5   (C) 2.4   (D) 8

3. 如果等腰三角形底边上的高等于腰长的一半,那么这个等腰三角形的顶角等于_____.

4. 若直角三角形的三边长分别为 a、b、c（其中 c 为斜边长）,则三角形的内切圆的半径是_____.

5. 已知直角三角形的周长为 $3+\sqrt{3}$,斜边上的中线的长为 1,求这个三角形的面积.

6. 证明:等腰三角形底边上任意一点到两腰的距离之和为一个常量.

拓展链接

三角形有"五心","五心"是指三角形的重心、外心、内心、垂心、旁心(三角形一内角平分线和另外两顶点处的外角平分线交于一点,该点即为三角形的旁心),但旁心并不常用.

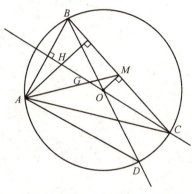

三角形三边的中点,三高的垂足和三个欧拉点(连结三角形各顶点与垂心所得三线段的中点)九点共圆,称为欧拉(数学家)圆.

三角形的外心、重心、九点圆圆心、垂心,依次位于同一直线上,这条直线就叫三角形的欧拉线.欧拉线上的四点中,九点圆圆心到垂心和外心的距离相等,而且重心到外心的距离是重心到垂心距离的一半.

莱昂哈德·欧拉于1765年在他的著作《三角形的几何学》中首次提出定理:三角形的重心在欧拉线上,即三角形的重心、垂心和外心共线.

物理

第一章　如何学好物理学

§1.1　什么是物理学

从古至今,人类先贤俊哲就一直在思考世界乃至宇宙的多彩纷呈,从浩茫的星空到微小原子,时光涤沥,最终一次次拓展人类生存空间和思维本质,毫无疑问,是科学逻辑的理性精神,从伽利略时代开始,人类开始了科学的思考程式,运用到各个学科上去,科学成就不断开始渗入我们的生活,浸润我们的思考.物理就是教会我们去思考宇宙创制的问题,在思考这些问题的过程中,我们获得思考力,改变或深化看待物质世界的眼光,这就是物理的最大的魅力——让人终身受益,难怪有人统计过,自 20 世纪中叶以来,在诺贝尔化学奖、生物及医学奖,甚至经济学奖的获奖者中,有一半以上的人具有物理学的背景.大物理学家卢瑟福说"一切科学要么是物理学,要么是集邮术."

那么究竟什么是物理学呢?

先从词源上分析,"物理学"(即英语里的"physics"),最早见于古希腊亚里士多德的《物理学》一书,《物理学》是一门以自然界为特定对象的哲学.它不同于我们现在的物理学,但却包括了现在的物理学,也包括化学、生物学、天文学、地学等等在内,总之,涉及整个自然科学,它只研究自然界的总原理,是自然哲学.这个词由古希腊"自然"(physica)一词推演而来.我国早期翻译为"格致学"或者"格物学",取用的是《大学》里的"致知在格物,格物而后知至"的思想,而最早将这门学科翻译成"物理"的是日本的学者.

作为一门学科,物理学有这样的一些基本的共识:(1) 一切自然现象可以被描述,并且存在一定的联系,联系中有规律.比如石头丢在水中会下沉,而木头则会漂浮.物理学就可以找到原因,并总结为规律,并推广进行预测,比如知道了铁的密度比石头大,我们可以预测,铁丢进了水中也是会沉下去的.类似的,一个实心物体丢在水中(当然,不考虑它能与水发生化学反应),只要比较它的密度和水的密度大小就可以进行预测了.密度是一个大家很熟悉的物理概念,阿基米德总结的浮力的规律后人称为阿基米德原理,这就是物理思考问题的一个方法,从现象逐步剥离出离开现象的本质,并上升到规律来.(2)物理概念和规律,如果没有了数学的表述,那将会是没有翅膀的鸟,不能高飞,数学的定量让物理在精确的天空翱翔,所以物理的第二大特点需要借助数学的工具进行相互印证、相互促进、相互交织并行交错的发展和推进,数理不分家,说得不过分,当然,物理是看清物质世界的眼睛和思考的大脑,数学是双手双脚,靠着数学解析和改造世界.(3)物理还是以实验为基础,实验是理论的根基,也是判定理论正确与否的重要的检验手段,丁肇中曾说:"实验物理与理论物理密切相关,搞实验没有理论不行,但只停留于理论而不去实验科学是不会前进的."说明实验的重要性,英国物理学家狄拉克也曾说:"Only questions about the result of experiments have a real significance and it is only such questions that theoretical physics has to consider."(只有关乎实验结果的问题才有真正意义,也仅只有这样的问题才是理论物理学家们值得去考虑的).当然,现在除了理论和实验物理之外,还有计算物理,介乎理论和实验之间,但终究都要接受实验的检验.(4)物理和社会文化之间的相互补益,物理促进了社会的进步,反之,社会进步同时推进着物理的发展.

在以上共识的基础上,物理可以简单地说成,"物"为"物质世界","理"则是其"运动和作用的规律",物理学是研究物质运动最一般规律及物质基本结构的学说.按所研究的物质运动形态和具体对象,它涉及的范围包括:力学、声学、热学和分子物理学、电磁学、光学、原子和原子核物理学、基本粒子物理学、固体物理学以及对气体和液体的研究等.悟物穷理或者格物致知应该是物理这门学科最核心的思想.

§1.2 高中物理知识结构和常识

1.2.1 初中物理

初中物理同学们刚学习过,应该比较清楚,把知识进行梳理,总结归纳如下:

1. 机械运动(匀速直线运动)
2. 力(重力、弹力、摩擦力;二力平衡条件、同一直线二力合成;牛顿第一定律也称为惯性定律;浮力)
3. 密度和压强(包括液体内部压强,大气压强)
4. 简单机械(杠杆和滑轮)
5. 功和功率
6. 光(包括光的直线传播、光的反射折射、凸透镜成像规律)
7. 热学(包括温度、内能)
8. 电路的串联并联、电能、电功
9. 磁场、磁场中的力、感应电流
10. 能量和能

高中物理的主要内容可分为力学、热学、电磁学、光学、近代物理五个部分.

1.2.2 高中力学

力学主要研究力和运动的关系,重点学习牛顿运动定律和机械能. 比如说我们要研究游乐场中的"翻滚过山车"是什么原理. 再如,我们要研究要用多大速度把一个物体抛出地球去,能成为一颗人造卫星. 从物理学发展的进程看主要有以下标志性事件:

1. 1638年,意大利物理学家伽利略在《两种新科学的对话》中用科学推理论证重物体和轻物体下落一样快,并在比萨斜塔做了两个不同质量的小球下落的实验,证明了他的观点是正确的,推翻了古希腊学者亚里士多德的观点,即质量大的小球下落快是错误的.

2. 17世纪,伽利略通过构思的理想实验指出:在水平面上运动的物体若没有摩擦,将保持这个速度一直运动下去;得出结论:力是改变物体运动的原因,推翻了亚里士多德的观点:力是维持物体运动的原因. 同时代的法国物理学家笛卡儿进一步指出:如果没有其他原因,运动物体将继续以同速度沿着一条直线运动,既不会停下来,也不会偏离原来的方向.

3. 1687年,英国科学家牛顿在《自然哲学的数学原理》著作中提出了三条运动定律(即牛顿三大运动定律).

4. 20世纪初建立的量子力学和爱因斯坦提出的狭义相对论表明经典力学不适用于微观粒子和高速运动物体.

5. 1638年,伽利略在《两种新科学的对话》一书中,运用观察—假设—数学推理的方法,详细研究了抛体运动.

6. 人们根据日常的观察和经验,提出"地心说",古希腊科学家托勒密是代表;而波兰天文学家哥白尼提出了"日心说",大胆反驳地心说.

7. 17世纪,德国天文学家开普勒提出开普勒三大定律.

8. 牛顿于1687年正式发表万有引力定律;1798年英国物理学家卡文迪许利用扭秤实验装置比较准确地测出了引力常量.

9. 1846年,英国剑桥大学学生亚当斯和法国天文学家勒维烈应用万有引力定律,计算并观测到海王星;1930年,美国天文学家汤博用同样的计算方法发现冥王星.

10. 1957年10月,前苏联发射第一颗人造地球卫星;1961年4月,世界第一艘载人宇宙飞船"东方1号"带着尤里·加加林第一次踏入太空.

1.2.3 高中热学

热学主要研究分子动理论和气体的热学性质.标志性事件有:

1. 1827年,英国植物学家布朗发现悬浮在水中的花粉微粒不停地做无规则运动的现象——布朗运动.

2. 1850年,克劳修斯提出热力学第二定律的定性表述:不可能把热从低温物体传到高温物体而不产生其他影响,称为克劳修斯表述.次年开尔文提出另一种表述:不可能从单一热源取热,使之完全变为有用的功而不产生其他影响,称为开尔文表述.

3. 1848年,开尔文提出热力学温标,指出绝对零度是温度的下限.

4. 19世纪中叶,由德国医生迈尔、英国物理学家焦耳、德国学者亥姆霍兹最后确定能量守恒定律.

5. 1642年,科学家托里拆利提出大气会产生压强,并测定了大气压强的值.四年后,帕斯卡的研究表明,大气压随高度增加而减小.

6. 1654年,为了证实大气压的存在,德国的马德堡市做了一个轰动一时的实验——马德堡半球实验.

1.2.4 高中电磁学

电磁学主要研究电场、电路、磁场和电磁感应. 重点学习闭合电路欧姆定律和电磁感应定律. 初中电学假定电源两极电压是不变的;高中电学认为电源电极电压是变化的. 这说明高中物理比初中物理内容加深加宽,由定性分析变为更多的定量分析,学习迈上一个新的台阶,同学们要有克服困难的思想准备,这也是高中较为有难度的板块. 主要发展有:

1. 16 世纪末,英国人吉伯第一个研究了摩擦使物体带电的现象. 18 世纪中叶,美国人富兰克林提出了正、负电荷的概念. 1752 年,富兰克林在费城通过风筝实验验证闪电是放电的一种形式,把天电与地电统一起来,并发明避雷针.

2. 1785 年,法国物理学家库仑利用扭秤实验发现了电荷之间的相互作用规律——库仑定律,并测出了静电力常量 k 的值.

3. 1913 年,美国物理学家密立根通过油滴实验精确测定了元电荷 e 的电荷量,获得诺贝尔物理学奖.

4. 1837 年,英国物理学家法拉第最早引入了电场概念,并提出用电场线表示电场.

5. 1826 年,德国物理学家欧姆通过实验得出欧姆定律.

6. 1911 年,荷兰科学家昂纳斯发现大多数金属在温度降到某一值时,都会出现电阻突然降为零的现象——超导现象.

7. 18、19 世纪,焦耳和楞次先后各自独立发现电流通过导体时产生热效应的规律,即焦耳定律.

8. 1820 年,丹麦物理学家奥斯特发现电流可以使周围小磁针发生偏转,称为电流磁效应.

9. 法国物理学家安培发现两根通有同向电流的平行导线相吸,通有反向电流的平行导线则相斥,并总结出安培定则(右手螺旋定则)判断电流与磁场的相互关系和左手定则判断通电导线在磁场中受到磁场力的方向.

10. 荷兰物理学家洛伦斯提出运动电荷产生了磁场和磁场对运动电荷有作用力(洛伦兹力)的观点.

11. 汤姆生的学生阿斯顿设计的质谱仪可用来测量带电粒子的质量和分析同位素.

12. 1932 年,美国物理学家劳伦斯发明了回旋加速器,它能在实验室中产生大量的高能粒子.

13. 1831 年,英国物理学家法拉第发现了由磁场产生电流的条件和规律——电磁感应定律.

14. 1834年,俄国物理学家楞次发表确定感应电流方向的定律——楞次定律.

15. 1835年,美国科学家亨利发现自感现象(因电流变化而在电路本身引起感应电动势的现象),日光灯的工作原理即为其应用之一.

1.2.5 高中光学

光学主要研究光的传播规律即几何光学和光的本性(即物理光学).

1. 17世纪,荷兰物理学家惠更斯确定了单摆周期公式.周期是2s的单摆叫秒摆.

2. 1690年,荷兰物理学家惠更斯提出了机械波的波动现象规律——惠更斯原理.

3. 1842年,奥地利物理学家多普勒首先发现由于波源和观察者之间有相对运动,使观察者感到频率发生变化的现象——多普勒效应.

4. 1621年,荷兰数学家斯涅耳找到了入射角与折射角之间的规律——折射定律.

5. 1801年,英国物理学家托马斯·杨成功地观察到了光的干涉现象.

6. 1818年,法国科学家菲涅尔和泊松计算并实验观察到光的圆板衍射——泊松亮斑.

7. 1864年,英国物理学家麦克斯韦发表《电磁场的动力学理论》的论文,提出了电磁场理论,预言了电磁波的存在,指出光是一种电磁波,为光的电磁理论奠定了基础.

8. 1887年,德国物理学家赫兹用实验证实了电磁波的存在,并测定了电磁波的传播速度等于光速.

9. 1894年,意大利马可尼和俄国波波夫分别发明了无线电报,揭开无线电通信的新篇章.

10. 1800年,英国物理学家赫歇耳发现红外线.

11. 1801年,德国物理学家里特发现紫外线.

12. 1895年,德国物理学家伦琴发现X射线(伦琴射线),并为他夫人的手拍下世界上第一张X射线的人体照片.

13. 激光——被誉为20世纪的"世纪之光".

1.2.6 高中近代物理(原子物理、相对论和量子论)

原子物理主要研究原子和原子核的组成与变化;相对论则是重新考虑了物质的时空问题,和量子力学成为近代物理科学的两大分支.

1. 1858年,德国科学家普吕克尔发现了一种奇妙的射线——阴极射线(高速运动的电子流).

2. 1897年,汤姆生利用阴极射线管发现了电子,指出阴极射线是高速运动的电子流.说明原子可分,有复杂内部结构,并提出原子的枣糕模型.

3. 1909—1911年,英国物理学家卢瑟福和助手们进行了α粒子散射实验,并提出了原子的核式结构模型.由实验结果估计原子核直径的数量级为 10^{-15} m.

4. 1896年,法国物理学家贝克勒尔发现天然放射现象,说明原子核有复杂的内部结构.

5. 1919年,卢瑟福用α粒子轰击氮核,第一次实现了原子核的人工转变,发现了质子,并预言原子核内还有另一种粒子——中子.1932年,卢瑟福的学生查德威克在用α粒子轰击铍核时发现中子.

6. 1934年,约里奥·居里夫妇用α粒子轰击铝箔时,发现了正电子和人工放射性同位素.

7. 1896年,在贝克勒尔的建议下,玛丽·居里夫妇发现了两种放射性更强的新元素——钋(Po)和镭(Ra).

8. 1939年12月,德国物理学家哈恩和助手斯特拉斯曼用中子轰击铀核时,铀核发生裂变.1942年,在费米、西拉德等人领导下,美国建成第一个裂变反应堆(由浓缩铀棒、控制棒、减速剂、水泥防护层等组成).

9. 1952年,美国爆炸了世界上第一颗氢弹(聚变反应、热核反应).人工控制核聚变的一个可能途径是:利用强激光产生的高压照射小颗粒核燃料.

10. 1964年,盖尔曼提出了夸克模型,认为介子是由夸克和反夸克所组成,重子是由三个夸克组成.

11. 1905年,爱因斯坦提出了狭义相对论,爱因斯坦还提出了相对论中的一个重要结论——质能方程式: $E=mc^2$.

12. 1900年,德国物理学家普朗克为解释物体热辐射规律提出能量子假说.受其启发,1905年爱因斯坦提出光子说,成功地解释了光电效应规律,因此获得诺贝尔物理学奖.

13. 1922年,美国物理学家康普顿在研究石墨中的电子对X射线的散射时发现康普顿效应,证实了光的粒子性.

14. 1913年,丹麦物理学家玻尔提出了自己的原子结构假说,最先得出氢原子能级表达式,成功地解释和预言了氢原子的辐射电磁波谱,为量子力学的发展奠定了基础.

15. 1885年,瑞士的中学数学教师巴耳末总结了氢原子光谱的波长规律,即巴耳末公式.

16. 1924年,法国物理学家德布罗意大胆预言了实物粒子在一定条件下会表现出波动性;1927年,美、英两国物理学家得到了电子束在金属晶体上的衍射图案.

§1.3 高中物理与初中物理知识的台阶

从初中物理到高中物理,有几个大的台阶需要跨越,下面分别加以说明.

1.3.1 从标量到矢量

从标量到矢量的阶梯会使我们对物理量的认识上升到一个新的境界.初中我们只会代数运算,仅能从数值上判断一个量的变化情况.但有的量的变化,不能只看数值上的变化,还要看方向是否变化.这样的量称为矢量,如速度的概念,初中物理定义速度为路程和时间的比值,只有大小没有方向.而高中物理定义速度为位移和时间的比值,既有大小又有方向.初中学习的速度实际上是平均速率.从位移、时间到速度的建立是很自然的一个过程,我们要跨过这个台阶.从速度到加速度是对运动描述的第二个阶梯,面对这一阶梯我们必须经历一个由具体到抽象又由抽象到具体的过程.首先遇到的困难在于对加速度意义的理解,开始时我们往往认为加速度就是加出来的速度,这就把加速度和速度的改变量混淆起来.还有力,在初中学习的力学关系,两个力都是在一条直线上的,而高中则要求会处理力不在一条直线上,而是有一定的夹角的情况,这需要用平行四边法则进行处理.

1.3.2 从一维到二维

初中在处理物理问题时,都是在一条直线上,比如受力是在一条直线上的共点力的平衡,而高中处理的力往往不在一条直线上,过渡到了平面上的问题.这就需要学生有更多的想象力和分析力.运动学上,在研究了物体在一条直线上运动的基础上,进一步研究空中平抛一个物体的抛体运动和物体做匀速圆周运动的情况.这些还是仅限于力学和运动学,在电磁学中也需要学生思考的维度不能是单一的,而是要多维度多变量的思考问题.

1.3.3 从定性到定量

初中对物理问题的分析主要是看到现象之后能说明问题出在什么样的状态之下,比如在空中上升的气球,初中的要求是能说明气球所受的浮力大于重力,气球上升了,而高中需要解释气球是以多大的加速度上升呢.这样的定量分析让不少同学不适应,只能了解现象的表面层度,对更高的抽象定量分析显得力不从心.

1.3.4 状态到过程

分析物理问题如果只看到某一个状态,或者结果,这是知果不知因.比如汽车以最大速度于高速公路上行驶,这是我们所见到的现象,但是实际上汽车加速的过程怎样呢?这需要仔细研究.再比如,一个简单的现象,石子从空中自由落下,这是一个古老的话题,初中只需要了解加速掉下来了,实际上,在分析这个问题上经历了两千年左右的错误,这些细节的过程需要同学们去理解,在理解的过程中也就培养了自己的科学素养和科学精神.

1.3.5 代数到函数

初中物理的特点决定了学生在初中阶段不可能利用大量的数学知识解决物理问题,学生也就很难体会到数学是物理学习的基础,而到了高中,数学是解决物理问题的必要工具,尤其是力学部分,大量运用三角函数、直角坐标系、相似三角形、列代数方程等来解决物体的平衡问题;在直线运动中,矢量、二次函数、图像等数学知识频频出现,再加上数学进度一般落后于物理,让高一新生一下子适应,并达到教材的要求确实困难.

奥苏伯尔指出:"如果没有预先存在的可利用的、可区分的、清晰的认知结构,就不会产生有意义的学习",没有知识作为前提,能力培养就是空中楼阁.所以,同学们首先必须牢固掌握基本概念和基本规律.具体讲就是理解概念和规律的建立过程,弄清每一概念的内涵和外延,掌握每一规律的表达形式、公式中各物理量的意义和单位、规律的适用条件及注意事项,做到知其然知其所以然;了解概念、规律之间的区别与联系;通过概念的形成、规律的得出、模型的建立,逐步提高思维能力及科学的语言表达能力;通过规律的应用,掌握解决问题的基本技巧和策略.经过自己充分的观察、比较、分析、归纳等思维过程,从直观的感知进入抽象的深层理解,使获取的新知识准确、鲜明、深刻地纳入原有的认知结构中去,尽量避免似懂非懂"烧夹生饭"的现象.

第一章　如何学好物理学

§1.4　学好高中物理的关键

高中物理内容实在太多,如果按照常规是不能完成教学任务的,即使勉强完成了教学任务,学习的效果也不会好. 在高中理科各科中,物理是相对较难学习的一科,学过高中物理的大部分同学,特别是物理成绩不太好的同学,总有这样的疑问:"上课听得懂,听得清,就是在课下做题时不会."这实际上是个普遍问题,值得我们认真研究. 下面就给同学们一些建议.

1.4.1　理解中熟记物理概念和规律

在高中物理的学习中,应熟记基本概念、规律和一些最基本的结论,即所谓我们常提起的最基础的知识. 同学们往往忽视这些基本概念的记忆,认为学习物理不用死记硬背这些文字性的东西,其结果在高三总复习中提问同学物理概念,能准确地说出来的同学很少. 我们不敢绝对说物理概念背不完整对你某一次考试或某一阶段的学习会造成多大的影响,但可以肯定地说,这对你对物理问题的理解,对你整个物理系统知识的形成都有内在的不良影响,说不准哪一次考试的哪一道题就因为你概念不准而失分. 就像学习语文需要熟记名言警句、学习数学必须记忆基本公式,学习物理也必须熟记基本概念和规律,这是学好物理的首要条件和最基本要求,没有这一步,下面的学习无从谈起. 学习是一个积累过程,实际上是记忆和遗忘相互斗争的过程,但一般没有必要进行反复的记忆,高手们基本上是通过解题来加深对公式、定理、定律的理解和记忆,所以在学习中做适量的习题是非常必要的.

1.4.2　归纳总结并灵活运用思维方法

物理知识虽然重要,但物理思想、物理方法则更重要,同学们应注意思维方法的学习和整理,如果你掌握了思维方法则会表现得更加聪明,学习起来也会更有效率,在处理具体问题时注意有意地使用思维方法,你会表现得与众不同. 我们常听说要勤于思考、善于思考,就是因为思维方法非常重要. 我们物理教研组有一门选修课,叫做《物理思维与物理方法》,就是专门讲解这些的.

1.4.3　综合能力

物理知识是分章分节的,内容也是一块一块的,它们既相互联系,又相互区别,所以在物理学习过程中要不断进行小综合,到了高三年级知识学完后再进行系统大综合.这个过程对同学们能力要求较高,章节内容互相联系,不同章节之间可以互相类比,真正将前后知识融会贯通,连为一体,这样就逐渐从综合中找到知识的联系,同时也找到了学习物理知识的兴趣.有了前面知识的记忆和积累,有了思维方法,再进行认真综合,就能在解题能力上有所提高.所谓提高能力,说白了就是提高分析解决问题的能力,针对一个具体的问题,首先要看清将用到什么方面的知识,然后再明确研究对象,结合所给条件,应用相关物理概念、规律,也可用一些物理一级、二级结论,才能顺利求得结果.可以想象,如果物理基本概念不明确,题目中既给的条件或隐含的条件看不出来,或解题既用的公式不对或该用一、二级结论,而用了原始公式,都会使解题的速度和正确性受到影响,考试中得高分就成了空话.一个物理学习上的成功者,首先表现在解决问题的熟练程度上,然后是解法的灵活度,最后在解题方法上有所创新.显然,只有通过对大量问题的研习和思考才能达到这种境界.

第二章 高中物理涉及的数学知识

§2.1 一次函数

2.1.1 数学知识讲解

1. 一次函数解析式:$y=kx+b$;
2. 图像:一条直线.
3. 如何确定一个一次函数的解析式?

在物理中常用的是与图像相结合的方法:

设直线上两点:$(x_1、y_1)$,$(x_2、y_2)$,则有:$y_1=kx_1+b$,$y_2=kx_2+b$,$k=\dfrac{y_2-y_1}{x_2-x_1}$,比例系数 k 称为直线的斜率,又体现为直线的倾角 α 的正切值 $\tan\alpha$,直线越陡,则正切值越大.斜率在物理上往往表示一个有特定意义的物理量.

b 是直线与纵轴的焦点的坐标,又称之为直线的截距,可从图像中直接读出.

4. 特殊的,当截距 $b=0$ 时,$y=kx$,叫做正比例函数,又称 y 与 x 成正比.

2.1.2 物理学知识

下面就给出几个与运动学有关的一次函数的讲解.

1. 位移-时间图像

纵坐标表示物体运动的位移,横坐标表示时间,图像意义:表示物体位移随时间的变化规律,右图中①表示物体处于静止状态;②表示物体朝着正方向做匀速直线运动;③表示物体朝着负方向做匀速直线运动;①②③交点的纵坐标表示三个运动物体相遇时的位移.

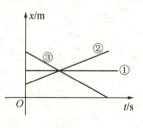

(1) 匀速直线运动的 x-t 图像是一条倾斜的直线,直线的斜率的物理意义即物

体的速度，$v=\frac{\Delta x}{\Delta t}$，因此，可以通过比较直线的斜率来比较速度的大小，斜率越大，速度越大.

（2）图像与纵轴的交点的物理意义是物体在零时刻所处的位置，图像与横轴的交点的物理意义是物体从该时刻出发.

2. 速度-时间图像

纵坐标表示物体运动的速度，横坐标表示时间. 图像表示物体速度随时间的变化规律. 右图中①表示物体做匀速直线运动；②表示物体做匀加速直线运动；③表示物体做匀减速直线运动；①②③交点的纵坐标表示三个运动物体在该时刻速度相同；图中阴影部分面积表示 $0\sim t_1$ 时间内②的位移.

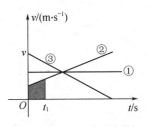

（1）匀变速直线运动的 v-t 图像是一条倾斜的直线，直线的斜率的物理意义即物体的加速度，$a=\frac{\Delta v}{\Delta t}$，可以通过比较直线的斜率来比较加速度的大小，斜率越大，加速度越大.

（2）可以根据图像求出匀变速直线运动的物体的位移，位移等于图像与时间轴围成的图像的面积（注意正负）.

（3）图像与纵轴交点的物理意义是物体在零时刻的速度（既有大小也有方向），图像与横轴交点的物理意义是物体在该时刻速度等于零.

巩固练习

1. 如图，折线 ABC 是在某市乘出租车所付车费 y（元）与行车里程 x（km）之间的函数关系图像.

   （1）根据图像，写出该图像的函数关系式；
   （2）某人乘坐 2.5 km，应付多少钱？
   （3）某人乘坐 13 km，应付多少钱？
   （4）若某人付车费 30.8 元，出租车行驶了多少千米？

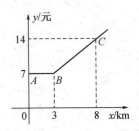

2. 某移动通信公司开设两种业务：

业务类别	月租费	市内通话费	说明：1分钟为1跳次，不足1分钟按1跳次计算，如3.2分钟为4跳次.
全球通	50元	0.4元/跳次	
神州行	0元	0.6元/跳次	

若设某人一个月内市内通话 x 跳次，两种方式的费用分别为 z 元和 y 元.

(1) 写出 z、y 与 x 之间的函数关系式；

(2) 一个月内市内通话多少跳次时，两种方式的费用相同？

(3) 某人估计一个月内通话 300 跳次，应选择哪种方式合算？

§2.2 二次函数

2.2.1 数学知识

1. 二次函数的解析式分两种形式

一般式：$y = ax^2 + bx + c (a \neq 0)$

顶点式：$y = a(x-h)^2 + k$

$$y = a\left(x - \frac{b}{2a}\right)^2 + \frac{4ac - b^2}{4a}$$

2. 二次函数的图像与性质

对称轴：$x = -\dfrac{b}{2a}$

顶点坐标：$\left(-\dfrac{b}{2a}, \dfrac{4ac-b^2}{4a}\right)$

与 y 轴交点坐标 $(0, c)$

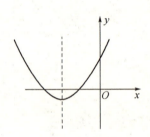

3. 增减性

当 $a > 0$ 时，对称轴左边，y 随 x 增大而减小；对称轴右边，y 随 x 增大而增大。

当 $a < 0$ 时，对称轴左边，y 随 x 增大而增大；对称轴右边，y 随 x 增大而减小。

4. 二次函数图像画法

勾画草图关键点：① 开口方向；② 对称轴；③ 顶点；④ 与 x 轴交点；⑤ 与 y 轴交点。

5. 二次函数与一元二次方程的关系

抛物线 $y = ax^2 + bx + c$ 与 x 轴交点的横坐标 x_1, x_2 是一元二次方程 $ax^2 + bx + c = 0 (a \neq 0)$ 的根。

抛物线 $y = ax^2 + bx + c$，当 $y = 0$ 时，抛物线便转化为一元二次方程 $ax^2 + bx + c = 0$

① 当 $b^2 - 4ac > 0$ 时，一元二次方程有两个不相等的实根，二次函数图像与 x 轴有两个交点；

② 当 $b^2 - 4ac = 0$ 时，一元二次方程有两个相等的实根，二次函数图像与 x 轴有一个交点；

③ 当 $b^2 - 4ac < 0$ 时，一元二次方程有不等的实根，二次函数图像与 x 轴没有交点。

2.2.2 相关物理知识

例1 一个做匀变速直线运动的物体的 x-t 图像,如图所示,其中顶点坐标为$(2,10)$,试求:

(1) 该物体的位移公式;

(2) 5 s 末该物体的速度.

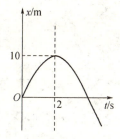

解:(1) 根据二次函数顶点式 $y=a(x-h)^2+k$,其中 $h=2$,$k=10$,又因为$(0,0)$在曲线上,所以该物体的位移公式为:$y=-2.5(t-2)^2+10$,即 $y=10t-2.5t^2$.

(2) 又因为匀变速运动中位移与时间关系为 $x=v_0t+\frac{1}{2}at^2$,可得,$v_0=10$ m/s,$a=-5$ m/s^2.

同理可得速度与时间的关系为 $v=v_0+at$,$v=10-5t$.

例2 一辆汽车在十字路口等绿灯,当绿灯亮时汽车以 3 m/s^2 的加速度开始行使,恰在这时一辆自行车以 6 m/s 的速度匀速驶来,从后边赶过汽车.试问:

(1) 汽车开动后,在追上自行车之前经过多长时间两辆车相距最远?此时的距离是多少?

(2) 什么时候汽车追上自行车?此时汽车的速度多大?

解:(1) 根据运动学公式,汽车的位移为 $x_1=\frac{3}{2}t^2$,自行车的位移为 $x_2=6t$.

根据数学知识,$\Delta x=6t-\frac{3}{2}t^2=-\frac{3}{2}(t-2)^2+6$.

当 $t=2$ s 时,$\Delta x_{\max}=6$,即汽车开动 2 s 后,两车之间达到最远距离 6 m.

(2) 由数学知识,$x_1=x_2$,解得 $t=4$ s 时,汽车可以追上自行车,根据运动学公式,汽车的速度为 12 m/s.

§2.3 角度和弧度

2.3.1 角的两种单位

"弧度"和"度"是度量角大小的两种不同的单位.就像"米"和"市尺"是度量长度大小的两种不同的单位一样. 在 flash 里规定:在旋转角度(rotation)里的角,以"度"为单位;而在三角函数里的角要以"弧度"为单位.这个规定是我们首先要记住的!例如:rotation2 是旋转"2 度";sin(π/2)是大小为"π/2 弧度"的角的正弦.

2.3.2 弧度的定义

所谓"弧度的定义"就是说,1 弧度的角大小是怎样规定的.

我们知道"度"的定义是,两条射线从圆心向圆周射出,形成一个夹角和夹角正对的一段弧.当这段弧长正好等于圆周长的 360 分之一时,两条射线的夹角的大小为 1 度.(如图 1)

那么,弧度又是怎样定义的呢? 弧度的定义是:两条射线从圆心向圆周射出,形成一个夹角和夹角正对的一段弧.当这段弧长正好等于圆的半径时,两条射线的夹角大小为 1 弧度.(如图 2)

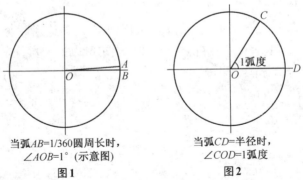

当弧 AB=1/360 圆周长时,
∠AOB=1°(示意图)
图 1

当弧 CD=半径时,
∠COD=1 弧度
图 2

比较一下,度和弧度的这两个定义非常相似.它们的区别仅在于角所对的弧长大小不同.度对应的弧长等于圆周长的 360 分之一,而弧度对应的弧长是等于半径.

简单地说,弧度的定义是,当角所对的弧长等于半径时,角的大小为 1 弧度.角所对的弧长是半径的几倍,那么角的大小就是几弧度.

它们的关系可用下式表示和计算：

角（弧度）＝弧长/半径

圆的周长是半径的 2π 倍，所以一个周角（360 度）是 2π 弧度.

半圆的长度是半径的 π 倍，所以一个平角（180 度）是 π 弧度.

2.3.3　度跟弧度之间的换算

据上所述，一个平角是 π 弧度，即

180 度＝π 弧度

由此可知：1 度＝$\pi/180$ 弧度（$\approx 0.017\ 453$ 弧度）

因此，得到把度化成弧度的公式：度$\times\pi/180$

例如：

$90°=90\times\pi/180=\pi/2$ 弧度　　　　$60°=60\times\pi/180=\pi/3$ 弧度

$45°=45\times\pi/180=\pi/4$ 弧度　　　　$30°=30\times\pi/180=\pi/6$ 弧度

$120°=120\times\pi/180=2\pi/3$ 弧度

反过来，弧度化成度怎么算？

因为 π 弧度＝$180°$，所以

1 弧度＝$180°/\pi$（$\approx 57.3°$）

因此，可得到把弧度化成度的公式：弧度$\times 180°/\pi$

例如：$4\pi/3$ 弧度＝$4\pi/3\times 180°/\pi=240°$

也许有些同学会说，究竟是乘以"$\pi/180$"，还是"$180°/\pi$"很容易搞错. 其实你只要记住：π 是 π 弧度，180 是 180 度. 我要化成什么单位，就要把有这个单位的放在分子上. 也就是说我要化成弧度，就要把 π 弧度放在分子上——乘以 $\pi/180$. 另外，1 度比 1 弧度要小得多，大约只有 0.017 453 弧度（$\pi/180\approx 0.017\ 453$）. 所以把度化成弧度后，数字肯定要变小，那么化弧度时一定是乘以 $\pi/180$ 了. 能够这样想一想，就不会搞错了.

说明：弧度这个单位可以省略不写.

巩固练习

1. 把下列各角的弧度数化成角度数.

$2=$ _____；$\dfrac{2\pi}{3}=$ _____；$\dfrac{5\pi}{6}=$ _____；

$\dfrac{11\pi}{6}=$ _____；$-\dfrac{2\pi}{3}=$ _____.

2. 把下列各角的角度化成弧度.

$-300°=$ _____ rad；$330°=$ _____ rad；$75°=$ _____.

§2.4 三角函数角度和弧度

2.4.1 三角函数

1. 锐角三角函数的定义

(1) 直角三角形的三条边

如图所示,在直角三角形 ABC 中,$\angle C$ 是直角,则 AC、BC 叫直角边,AB 叫做斜边,$\angle A$、$\angle B$ 都是锐角. 对于 $\angle A$ 来说,AC 叫做 $\angle A$ 的邻边,BC 叫做 $\angle A$ 的对边.

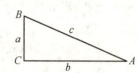

(2) 锐角三角函数

初中几何课本给出锐角三角函数的定义,是依据这样一个基本事实:在锐角三角形中,当锐角固定时,它的对边、邻边、斜边的比值是一个固定的值.

在 $\triangle ABC$ 中,$\angle C$ 是直角:

我们把锐角 A 的对边与斜边的比值叫做 $\angle A$ 的正弦,记做 $\sin A = \dfrac{a}{c}$;

锐角 A 的邻边与斜边的比值叫做 $\angle A$ 的余弦,记做 $\cos A = \dfrac{b}{c}$;

锐角 A 的对边与邻边的比值叫做 $\angle A$ 的正切,记做 $\tan A = \dfrac{a}{b}$.

2. 锐角三角形的基本性质

(1) 三角函数的数值只与角度有关,与所处的三角形没有关系.

(2) 在 $0 < \alpha < 90°$ 的范围内,正弦与正切函数是增函数,余弦函数是减函数.

(3) ① 对于同一个角 α,存在如下关系:$\sin^2\alpha + \cos^2\alpha = 1$,$\dfrac{\sin\alpha}{\cos\alpha} = \tan\alpha$;

② 若 α,β 互为余角,则有 $\sin\alpha = \cos\beta$,$\cos\alpha = \sin\beta$;

③ 三角关系式:$\sin(180°-\alpha) = \sin\alpha$,$\cos(180°-\alpha) = -\cos\alpha$,$\tan(180°-\alpha) = -\tan\alpha$,$\sin(90°-\alpha) = \cos\alpha$,$\cos(90°-\alpha) = \sin\alpha$.

3. 任意角的三角函数定义

设 α 是一个任意大小的角,α 的终边上任意一点 P 的坐标是 (x,y),它与原点的距离是 $r = \sqrt{x^2+y^2} > 0$,那么

(1) 比值 $\dfrac{y}{r}$ 叫做 α 的正弦,记做 $\sin\alpha$,即 $\sin\alpha = \dfrac{y}{r}$;

(2) 比值 $\dfrac{x}{r}$ 叫做 α 的余弦,记做 $\cos\alpha$,即 $\cos\alpha = \dfrac{x}{r}$;

(3) 比值 $\dfrac{x}{y}$ 叫做 α 的正切,记做 $\tan\alpha$,即 $\tan\alpha = \dfrac{x}{y}$.

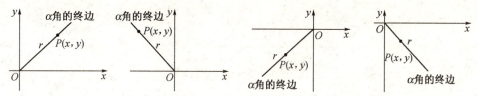

正弦、余弦、正切分别可看做是从一个角的集合到一个比值的集合的映射,它们都是以角为自变量,以比值为函数值的函数,这三个函数统称为三角函数.

注意:

① 三角函数是比值,是一个实数,是角的大小的函数;

② 正弦的符号决定于纵坐标 y 的符号;余弦的符号决定于横坐标 x 的符号;正切的符号是由纵坐标和横坐标的符号共同来确定,同号为正,异号为负.

思考:锐角与钝角的正弦、余弦、正切值的正负.

2.4.2　一些特殊角的三角函数值

角度	0°	30°$\left(\dfrac{\pi}{6}\right)$	37°	45°$\left(\dfrac{\pi}{4}\right)$	53°	60°$\left(\dfrac{\pi}{3}\right)$	90°$\left(\dfrac{\pi}{2}\right)$	120°$\left(\dfrac{2\pi}{3}\right)$	150°$\left(\dfrac{5\pi}{6}\right)$
sin	0	$\dfrac{1}{2}$	$\dfrac{3}{5}$	$\dfrac{\sqrt{2}}{2}$	$\dfrac{4}{5}$	$\dfrac{\sqrt{3}}{2}$	1	$\dfrac{\sqrt{3}}{2}$	$\dfrac{1}{2}$
cos	1	$\dfrac{\sqrt{3}}{2}$	$\dfrac{4}{5}$	$\dfrac{\sqrt{2}}{2}$	$\dfrac{3}{5}$	$\dfrac{1}{2}$	0	$-\dfrac{1}{2}$	$-\dfrac{\sqrt{3}}{2}$
tan	0	$\dfrac{\sqrt{3}}{3}$	$\dfrac{3}{4}$	1	$\dfrac{4}{3}$	$\sqrt{3}$	/	$-\sqrt{3}$	$-\dfrac{\sqrt{3}}{3}$

例1　河对岸有铁塔 AB,在 C 处测得塔顶 A 的仰角为 30°,向塔前进 14 m,到达 D,在 D 处测得 A 的仰角为 45°,求铁塔 AB 的高.

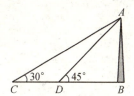

解:设 AB 的高度为 h,根据题意:$BC - BD = CD$,

$\dfrac{h}{\tan 30°} - \dfrac{h}{\tan 45°} = 14$,$h = 19.126$ m,

铁塔 AB 的高度为 19.126 m.

巩固练习

1. 已知角 α 的终边过点 $P(-2,3)$，求 α 的正弦、余弦、正切值.

2. 求角 $\alpha = \dfrac{5\pi}{6}$ 的三角函数.

第三章　高中物理的实验基础

§3.1　误差与测量

物理实验离不开测量,凡测量都伴随有误差.另外实验测量总会有大量的数据.因此误差理论和数据处理是每一个实验都会遇到的问题.本章先介绍误差理论与数据处理的初步知识,以备在各实验中需要时使用.

3.1.1　测量及其分类

物理实验是以测量为基础的.研究物理现象、了解物质性质、验证物理原理都离不开测量.所谓测量就是将被测物理量与同类已知物理量进行比较,用已知量来表示被测量.这些已知量称作计量单位.

本来计量单位的选择具有任意性,在人类历史上的不同时期,不同国家,乃至不同地区,同一物理量有许多种不同的计量单位.如长度单位就有码、英尺、市尺、米等.为了便于国际贸易以及科技文化的交流,单位制的统一成为众望所归,因此国际计量大会于 1960 年确定了国际单位制(国际代号 SI).国际单位制中有七个基本单位.它们是长度单位米(m)、质量单位千克(kg)、时间单位秒(s)、电流强度单位安培(A)、热力学温度单位开尔文(K)、物质的量单位摩尔(mol)、发光强度单位坎德拉(cd).还有两个辅助单位弧度(rad)和立体角球面度(sr).其他物理量的单位均可根据定义方程式由国际单位制中的基本单位和辅助单位导出.

测量时,待测量与已知量比较得到的结果称为测量量.例如:某物体的长度是单位米的 1.732 倍,则该物体的测量量为 1.732 m.

测量从获得结果的手段来分,有直接测量和间接测量.直接测量是指某些物理量可以通过相应的测量仪器直接得到被测量的量值的方法.例如:用米尺测量物体的长度,用天平测量物体的质量,都是直接测量.间接测量是指利用测得量与被测量之间已知的函数关系,通过计算而得到被测量值的方法.例如:为了测定某物体

的密度 ρ，先测出物体的质量 m 和体积 V，然后用公式 $\rho=m/V$ 计算出密度. 再如：要测量导体的电阻 R，可以用电压表测出导体两端的电压 U，用电流表测出通过导体的电流 I，然后用 $R=U/I$ 计算出导体的电阻. 类似这样的测量方法，都是间接测量.

测量导体的电阻，还可以用万用表(欧姆表)直接测量.

从上面的例子可以看出，有的测量量既可以直接测量，又可以间接测量. 这取决于使用的仪器和实验的方法. 随着科技的进步，用于直接测量的仪器会越来越多. 但在物理实验中，有许多的物理量仍需要间接测量.

从测量的条件是否相同的角度来看，测量又可以分为等精度测量和非等精度测量.

对于同一被测量，在相同实验条件下(同一实验仪器，同一实验方法，同一实验环境，同一实验者)，进行多次重复测量，各次测得结果也会不同. 对于这类测量，没有任何理由能说其中某一次测量比另一次测量更精确，只能认为每次测量的精确程度是相同的，这种具有同样精确程度的测量称为等精度测量. 反之，在多次重复测量中，只要上述实验条件中任何一个发生了变化，那么，这种测量便是非等精度测量. 非等精度测量情况较为复杂，中学阶段不需要深入研究和探讨，在此不进行赘述.

3.1.2 测量误差及其表示方法

无数事实证明，凡是测量结果都有误差，且误差自始至终存在于一切科学实验和测量的过程中. 这是因为，任何测量仪器、测量方法都不可能绝对正确，测量环境不可能绝对稳定，测量者的观察能力和分辨能力也不可能绝对精细和严密，这就使得测量过程中必然伴随有误差产生. 因此，分析测量结果中可能产生的各种误差，尽可能地减小其影响，并对测量结果中未能消除的误差作出估计，这是科学实验中不可或缺的部分. 为此，我们必须了解误差的概念、特征、产生的原因、消除的方法，以及对未能被消除的误差如何估计等有关知识.

1. 误差的定义

测量误差就是测量值 x 与被测量的真实值 μ 之间的差值. 若用 δ 表示，则有

$$\delta = x - \mu \qquad ①$$

δ 反映了测量值偏离真实值的大小，即反映了测量结果的可靠程度. 所谓真实值是指该物理量本身客观存在的真实量值. 它是一个理想的概念，一般是不知道的. 仅在某些特定的情况下，真实值是可知的. 例如：三角形的内角和是 $180°$；一个整圆周角为 $360°$ 等. 为了使用上的需要，在实际测量时，常用被测量的实际值来代替真实值. 而实际值是指满足规定精度的，用来代替真实值使用的量值(又称约

定真实值).例如:在检定工作中,把高一等级精度的标准所测得的量值称为实际值.如:用分度值为0.5 A的电流表来测量某电路中的电流为1.200 A,用分度值为0.2 A的电流表测得为1.202 A,则把后者视为此时电路中电流的实际值.

2. 误差的表示方法

误差δ通常称为绝对误差.由式①可见,绝对误差不仅有数值大小,而且还有单位.它的单位与被测量相同.

绝对误差δ的大小不同,反映了测量结果的优劣不等.但它只能适用于同一物理量.例如:20 mm厚的平板,用千分尺两次测得的绝对误差分别为0.005 mm和0.003 mm,则显然后者优于前者.

但若要比较两个不同的物理量,如20 mm和2 mm厚的两块平板,用千分尺两次测得它们的绝对误差都为0.005 mm,若用绝对误差来评价,则测量误差相同.显然,用绝对误差表示没有能反映出它的本质特征.另外,若要比较两类不同的物理量的测量优劣,如某物长20 mm,绝对误差为0.005 mm,某物体质量为17.02 g,绝对误差为0.03 g,因绝对误差数值与单位都不同而无法比较.

基于上述两种情况,还需要引入相对误差的概念.相对误差r定义为绝对误差δ与被测量值μ的比值,即

$$r = \delta/\mu \qquad ②$$

相对误差也常用百分数表示

$$r = (\delta/\mu) \times 100\% \qquad ③$$

所以用式③表示的误差也称为百分误差.由式②或③可见,相对误差是不带单位的一个纯数,所以它既可以评价量值不同的同类物理量的测量,也可评价不同类物理量的测量,以判断它们之间的优劣.

3.1.3 误差的分类及处理方法

按照误差的特点,可以分为系统误差、随机误差(也称偶然误差)和粗大误差三类.

1. 系统误差

在同一条件下,多次测量同一测量值时,绝对值和符号保持不变的误差;或在条件改变时,按一定规律变化的误差,称为系统误差.

产生系统误差的原因,大致有以下几个方面:

(1) 仪器误差.是由于仪器本身的缺陷或未按照规定条件使用仪器而造成的误差.例如:米尺本身刻度刻画得不准,或因环境温度的变化导致米尺本身长度的伸缩带来的测量误差.再如:仪表指针在测量前没有调零而带来的测量误差.这些误差都属于仪器误差.

（2）理论或方法误差.是由于测量时未能达到公式理想化的条件、实验方法不完善而带来的误差.例如:用伏安法测量导体电阻,没有考虑电流表或电压表内阻带来的测量误差等.

（3）环境误差.是由于外界环境,如温度、湿度、电厂、磁场和大气压等因素的影响而带来的误差.

（4）个人误差.是由于观测者本身的感官,特别是眼睛或其他的感官的不完善以及心理因素而导致的习惯性误差.这种误差,往往是因人而异的.

实验中发现了系统误差,可以通过校准仪器、改进实验装置和实验方法,或对测量结果进行理论上的修正来加以消除或尽可能地减小.然而,发现和减小实验中的系统误差并非轻而易举的事情.这需要实验者深入了解实验的原理、方法和步骤,熟悉使用仪器的特点和性能,还要在实验中不断积累理论知识和实践经验,才能找出产生系统误差的原因以及消除、减小系统误差的方法.

2. 随机误差

随机误差是由于实验中各种因素的微小变化而引起的,如温度、气流、光照强度、电磁场的变化引起的环境变化;观测者在判断、估读上的偏差等使得多次测量值在某一值附近有涨落.就某一次测量而言,这种涨落完全是随机的,其大小和方向都是难以预测的.但对于某个量进行足够多次的测量,随机误差总是按照一定的统计规律分布.常见的一种情况是:测量值比真实值

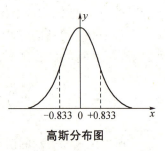

高斯分布图

大或比真实值小的概率相等;误差较小的数据比误差大的数据出现的概率大;同时,绝对值很大的误差出现的概率趋于零.这是称之为高斯分布的一种情况(如图所示).事实上,随机误差还有其他的分布情况,如 t 分布、均匀分布等.

设某一物理量 x 进行 n 次等精度测量,且系统误差已消除,测得值为 x_1、x_2、$\cdots$、x_n,则它们的算术平均值为

$$\bar{x} = (x_1 + x_2 + \cdots + x_n)/n = \sum x_i / n \qquad ④$$

可以证明,当系统误差已被消除,则测量值的算术平均值最接近被测量的真值.因此常用测量值的算术平均值 $\bar{x}$ 表示测量结果.

对于测量值的可靠程度常用标准偏差来估计.标准偏差小,说明多次测量数据的分散程度小,测量的可靠性就大;反之,测量的可靠性就小.

一个测量列中,单次测量的标准偏差常以 S_x 表示,则

$$S_x = \sqrt{\frac{\sum (x_i - \bar{x})^2}{n-1}} \qquad ⑤$$

式⑤称为贝塞尔公式. 式中 $x_i-\bar{x}$ 是每一次测量值 x_i 与算术平均值 $\bar{x}$ 之差, 称为残差. 显然任何测量列的 $\sum(\bar{x}-x_i)=0$, 所以评价测量列的优劣不能用残差和来表示, 而要用"方均根"的标准偏差来作为评价参量.

3. 粗大误差

这是由于实验者的疏忽而引起的差错, 例如: 读数或计算出现的错误等. 对这种数据应当予以剔除.

§3.2 有效数字

3.2.1 有效数字的一般概念

1. 有效数字的概念

实验与测量的结果都是有误差的. 那么, 测量值的数值如何书写才算合理呢? 例如: 用最小分度为 1 mm 的刻度尺测得某物体的长度 $l=12.76$ cm, 能否写成 12.760 cm 或 12.760 0 cm 呢? 回答是否定的, 因为用该刻度尺测量时毫米以下的一位数字 6 已经是估计的(即有误差存在), 再往下估计已无实际意义. 在物理实验等近似计算中, 12.760 和 12.760 0 这两个数值与 12.76 有着不同的含义, 即表示它们的误差是不同的.

在实验测量和近似计算中, 数据末位是有误差的, 这种数, 我们称它为有效数字.

所以, 有效数字的末位是由若干位准确数字和一位欠准确数字构成的. 上面所举的例子中 $l=12.76$ cm, 是一个具有四位有效数字的物理量. 若我们用最小分度值为 0.02 mm 的游标卡尺去测量该物体的长度时, 可以得到 $l=12.760$ cm, 用最小分度值为 0.01 mm 的螺旋测微器测量该物体的长度时, 若读数为 $l=12.760\ 2$ cm, 则它们分别是有效数字是五位和有效数字是六位的物理量. 由此可见, 同一物体, 用不同精度的仪器去测量, 读数的有效数字的位数是不同的, 精度越高, 有效位数越多.

物理量 $l=12.76$ cm, 当我们用 m 或者 km 作单位时, 则表示为 $l=0.127\ 6$ m 或 $l=0.000\ 127\ 6$ km, 它们有几位有效数字呢? 因为单位换算并没有改变它原来测量的精度, 因此仍是四位有效数字, 这里的"0"是确定小数点的位置的, 不是有效数字. 概括地说, 在非零数字前面的"0"不是有效数字. 当"0"不是用来确定小数点位置时(即在非零数字后面时), 与其他的字码是有同等地位的, 都是有效数字. 例如: 1.005 cm, 是四位有效数字; 1.00 是三位有效数字. 这里的"0"不能随便增删.

2. 数值的科学表达方式

当一个数值很大, 但有效数字又不够多的情况下, 如何来正确表达呢? 这时可以用尾数乘以 10 的 n 次幂的形式表示. 例如, 光在真空中的传播速度为 3×10^8 m/s, 它只有一位有效数字. 显然写成 300 000 000 m/s 是不妥当的. 又例如: 铜在 20 ℃时的线胀系数为 0.000 016 7, 写成 16.7×10^{-6}, 则较为简洁、明了. 这种用尾数乘以 10 的 n 次幂的形式, 称为数值的科学表示.

3. 有效数字与相对误差的关系

根据有效数字的含义,它的最后一位是估计的,即是有误差的.因此,有效数字的多少与相对误差有一定的关系.

以下面两个物理量的相对误差为例加以说明.假若最后的一位的误差为 1,则物理量 $l_1 = 1.25 \pm 0.01$ cm,此物理量的相对误差 $e_1 = 0.01$ cm/1.25 cm $= 0.8\%$;而 $l_2 = 1.250 \pm 0.001$ cm,该物理量的相对误差 $e_2 = 0.001$ cm/1.250 cm $= 0.08\%$.可见,相对误差越大,有效数字越少;相对误差越小,有效数字越多.一般来说,三位有效数字的相对误差在百分之几到千分之几的范围,四位有效数字的相对误差约在千分之几到万分之几的范围,其余类推.

3.2.2 有效数字的近似计算规则

在物理实验中,大量遇到的是间接测得量,这就不可避免地要对测量施以各种运算.下面介绍关于近似计算的规则,一方面可以简化计算,另外也可以保持原有的测量精确程度.

进行有效数字运算有两条基本规则:

(1) 计算的最终结果中一般只保留一位可疑数字.

(2) 有效数字的末位确定以后,对其尾数用舍入法进行取舍.尾数小于 5 则舍去,大于 5 则末位进 1,等于 5 则把末位凑成偶数.这样的舍入法则使尾数舍去与进入的概率相等.这一舍入法称之为"四舍六入五凑偶"

例如:2.452 6 取三位有效数字,则为:2.45

2.345 6 取三位有效数字,则为:2.34

1.255 0 取三位有效数字,则为:1.26

12.365 0 取四位有效数字,则为:12.36

1. 加减法的运算规则

根据误差合成的理论,加减运算后结果的绝对误差应等于参与运算各数值误差之和.因此,运算结果的有效数字末位应与参与运算中误差最大的数值的末位相同.即结果的位数取决于绝对误差最大的数据的位数.

例如:$s = 71.3 + 6.264 + 0.754 + 271$

这四个数字中,271 的绝对误差最大,它的末位在个位上,故其他各数保留到小数点后第一位,再作运算.

所以 $s = 71.3 + 6.3 + 0.8 + 271 = 349.4$

s 的末位也应在个位上,经修约 $s = 349$

2. 乘除法的运算规则

根据误差合成理论,乘除运算结果的相对误差等于参加运算各数值的相对误差之和.

因此,运算结果的相对误差应大于参加运算各数值中任一个的相对误差.同时,我们知道一个数值的有效数字位数与相对误差有关,相对误差越大,有效数字的位数越少.所以乘除运算结果的有效数字位数,可估计为与参加运算各数中有效数字位数最少的相同.

例如:$d=39.5×4.084\ 37×0.001\ 3÷867.8$

这四个数字中,0.001 3 的有效数字位数最少,只有两位.所以,其余各数取三位有效数字参与运算,运算结果修约成二位有效数字.

所以 $d=39.5×4.08×0.001\ 3÷868=2.4×10^{-4}$

3. 在有效数字运算中还应该注意的一些问题

(1)计算公式中的常数,如 e、π、1/2、$\sqrt{2}$ 等都是正确数,在运算中可根据需要截取其近似值的有效位数.

(2)首位数字为 8、9 的有效数字,其有效数字的位数可比实际的位数多算一位.如 8 765 可认为它是五位有效数字;923 可以视为四位有效数字.

(3) 为减小计算中的舍入误差,对参与运算的各有效数字进行修约时可以比实际需要多保留一位.

4. 函数运算的有效数字

函数运算的有效数字也有相应的规则,在中学阶段暂不作要求.在此不进行赘述.

§3.3 常用仪器

力学实验经常需要测量长度、质量和时间等基本物理量,也就是说,许多力学实验需要使用这些物理量的测量仪器和量具,所以本节主要介绍与它们有关的测量器具.

3.3.1 长度测量工具及使用

米尺(或卷尺)、游标卡尺、螺旋测微计、移测显微镜(又称读数显微镜)等是常用的长度测量器具.中学阶段同学们需要会使用的是米尺、游标卡尺和螺旋测微计,在此进行重点介绍.

1. 米尺

米尺是常见的测量长度的量具.通常有长为 1 m、0.5 m、0.2 m 和 0.15 m 等几种.它们的分度值有 1 mm 和 0.5 mm 的.另外有长为 2 m 到 20 m、30 m,分度值为 0.1 cm、0.5 cm 和 1 cm 的卷尺.

用米尺测量物体的长度,实际上就是将被测物体的长度与米尺上的刻度进行比较,得出的被测物体的长度就是米或厘米的多少倍.例如得出待测物体的长度是米的 1.253 6 倍或厘米的 125.36 倍,这就是说它的长度是 1.253 6 m 或者 125.36 cm.

相对而言,米尺的精度比较低,它的分度值为 1 mm,小于毫米以下的长度部分就不能精确地读出,只能凭视力估计,所以用米尺测量长度时,读数最多只能读到 0.1 mm.

(1) 刻度尺的使用:

① "认" 认清刻度尺的零刻度线、量程和分度值;

② "放" 即尺要沿着所测直线,刻度部分贴近被测长度,某一刻度线应与被测长度的起始端对齐;

③ "看" 即视线与尺面垂直;

④ "读" 即估读到分度值的下一位;

⑤ "记" 正确记录测量结果,测量结果由数字和单位组成.

(2) 长度测量的一些方法:

① 累积法:适用于微小量的测量.方法是把若干相同的微小量"集合"起来,用测量工具测出它们的值,然后取其算术平均值为测量值(如测量一张纸的厚度).

② 取样法:适用于不便对研究对象的整体进行直接测量的场合.方法是先测出"样品"的长度,再根据比例将整体量算出来.

③ 化曲为直法:适用于曲线长度的测量(还有滚轮法).

④ 辅助工具法.

(3) 误差

在正确测量的前提下,测量值与真实值之间的差异叫做误差.误差是由于测量工具本身不准确或读数时估读不准确而产生的,任何测量中的误差都是不可避免的,但可以减小.

减小误差的方法:

① 选用更精确的测量工具;

② 改进测量方法;

③ 多次测量求平均值.

2. 游标卡尺

(1) 游标卡尺概述

游标卡尺实际上是在米尺的基础上附加一个带有刻度并能在主尺上滑动的小尺,这个小尺就叫做游标(也称游标尺(或副尺)).在米尺上附加游标以后,就能把米尺估读的那一位数在游标上更准确地表示出来.

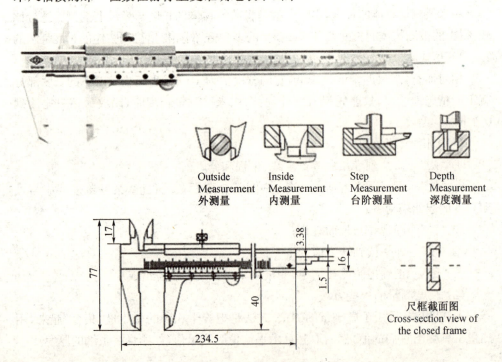

游标卡尺也是工业上常用的测量长度的仪器,可直接用来测量精度较高的工件,如工件的长度、内径、外径以及深度等.

游标卡尺的种类还可以根据游标上的分格数来分类.游标上的分格数 n 一般有 10 分度、20 分度、50 分度等,即游标上的每一格可以分别代表 0.1 mm、0.05 mm、0.02 mm.所以游标卡尺分为 10 分度、20 分度和 50 分度三种.

(2) 游标卡尺的读数原理

为了弄清游标卡尺的读数原理,首先需要搞清楚主尺分格和游标尺分格长度之间的关系.游标卡尺的制作总是使得游标上 n 个分格的总长等于主尺上 $(n-1)$ 个分格的总长.若主尺每个分格的长度为 Y,游标每个分格的长度为 X,则有

$$nX=(n-1)Y \qquad ①$$

如果主尺和游标每个分格的长度差为 δX,则从上式可得

$$\delta X=Y-X=Y/n \qquad ②$$

Y/n 是游标能读出的最小读数,称为游标卡尺的最小分度值.游标分格数 n 一般有 10 分度、20 分度和 50 分度等.实验室常用的游标卡尺的游标分格数为 50,现以这类游标为例来进行分析.

(3) 游标卡尺的读数方法

游标的分格数 n 为 50 时,$Y=1$ mm,所以由式①②得:

$$X=(n-1)/n\,Y=(50-1)/50 \times 1\text{ mm}=0.98\text{ mm}$$

$$\delta X=Y-X=1\text{ mm}-0.98\text{ mm}=0.02\text{ mm}$$

计算结果表明主尺每一分格的长度与游标每一分格长度相差 0.02 mm.因此 50 分度的游标卡尺游标的分度值为 0.02 mm.当游标卡尺的两量爪合拢时,游标上的"0"刻度线与主尺上的"0"刻度线刚好对齐.这时,游标第一条刻度线在主尺第一条刻度线的左边 0.02 mm 处.如果待测物是厚度为 0.02 mm 的薄板,当量爪卡住薄板时,游标就向右移动 0.02 mm,这时游标第一条刻度线与主尺第一条刻度线对齐.若薄板的厚度为 0.04 mm,那么,游标就向右移动 0.04 mm,游标第二条刻度线与主尺第二条刻度线对齐……

简言之,如果游标第一条刻度与主尺刻度线对齐,薄板的厚度就是 0.02 mm,如果第二条刻度与主尺刻度线对齐,薄板的厚度就是 0.04 mm……

从上面分析就可以得出 50 分度游标($n=50$)的读数原理.

当测量小于 1 mm 的长度时,要直接根据游标第几条刻度线与主尺上刻度线对齐来得到读数.

例如:游标上第 12 条刻度线与主尺上刻度线对齐,测量的长度 $L=0.02$ mm$\times 12=0.24$ mm.

为了读数的方便,游标上刻有 0、1、2、…9 等数字.相邻两数之间相差 5 个分

度.由于每个分度为 0.02 mm,所以相邻两数之间相差 0.1 mm.由此可见游标上的"1"就表示 0.10 mm,"2"就表示 0.20 mm……当游标上不是与 1、2……相对应的刻度线与主尺的刻度线对齐,而是其他刻度线与主尺的刻度线对齐,例如游标上 5 右边的第一条刻度线与主尺的刻度对齐,因为游标每个分度为 0.02 mm,那么,读数就是 0.52 mm,游标上 5 右边的第二条刻度线与主尺的刻度线对齐,读数就是 0.54 mm……按这种方法就可以将测量的长度值直接从游标上读出.

当测量的长度大于 1 mm 时,应该先读出主尺上位于游标"0"刻度线处的毫米整数位.再根据上述方法从游标上读出毫米的小数位.

0.02 mm 游标卡尺的读数方法

如上图所示,游标尺"0"刻度线所对主尺前面的刻度为 64 mm,游标尺"0"刻度线后的第 9 条线与主尺的一条刻线对齐.游标尺"0"刻度线后的第 9 条线表示:

$$0.02 \text{ mm} \times 9 = 0.18 \text{ mm}.$$

所以被测工件的尺寸为:64 mm+0.18 mm=64.18 mm.

归纳起来:读数方法,可分三步:

① 根据游标尺零线以左的主尺上的最近刻度读出整毫米数;

② 根据游标尺零线以右与主尺上的刻度对准的刻线数乘上 0.02 读出小数;

③ 将上面整数和小数两部分加起来,即为总尺寸.

(4) 游标卡尺的使用方法

将量爪并拢,查看游标和主尺身的零刻度线是否对齐.如果对齐就可以进行测量;如没有对齐则要记取零误差:游标的零刻度线在尺身零刻度线右侧的叫正零误差,在尺身零刻度线左侧的叫负零误差(这种规定方法与数轴的规定一致,原点以右为正,原点以左为负).

测量时,右手拿住尺身,大拇指移动游标,左手拿待测外径(或内径)的物体,使待测物位于外测量爪之间,当与量爪紧紧相贴时,即可读数,如下图所示.

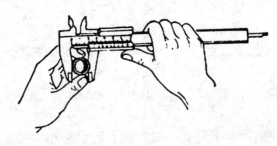

(5) 游标卡尺的应用

游标卡尺作为一种常用量具,其可具体应用在以下这四个方面:

① 测量工件宽度;

② 测量工件外径;

③ 测量工件内径;

④ 测量工件深度.

这四个方面的具体测量方法请看下图:

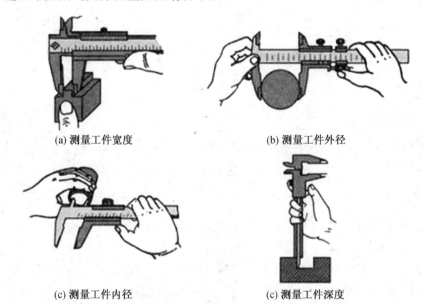

(a) 测量工件宽度

(b) 测量工件外径

(c) 测量工件内径

(c) 测量工件深度

(6) 使用注意事项

游标卡尺是比较精密的量具,使用时应注意如下事项:

① 使用前,应先擦干净两卡脚测量面,合拢两卡脚,检查副尺 0 线与主尺 0 线是否对齐,若未对齐,应根据原始误差修正测量读数.

② 测量工件时,卡脚测量面必须与工件的表面平行或垂直,不得歪斜,且用力不能过大,以免卡脚变形或磨损,影响测量精度.

③ 读数时,视线要垂直于尺面,否则测量值不准确.

④ 测量内径尺寸时,应轻轻摆动,以便找出最大值.

⑤ 游标卡尺用完后,仔细擦净,抹上防护油,平放在盒内,以防生锈或弯曲.

3. 螺旋测微计

螺旋测微计又叫做螺旋测微器、螺旋测径器、千分尺、千分卡.它是比游标卡尺精度更高的长度测量器具.

(1) 仪器介绍

利用螺旋机构来精密测量长度的量具有多种,常用的是外径千分尺,外形如图1所示.尺柄 F 的左端有固定的测砧 B,右端有固定的套管 C.套管上的主尺有两排刻度线,标有数字的是整毫米刻线,另一排是半毫米刻线.可动部分由测杆 A、有刻度的微分筒 D 和小旋钮 E 组成,它们结合成一体,其纵剖面如图2所示.测杆 A 后半段上有精密的阳螺纹 S,将它旋入固定套管 C 与其中的阴螺纹吻合,用手旋转微分筒或小旋钮时,测杆就沿其轴线方向进退.

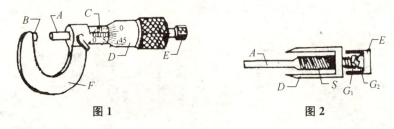

图1　　　　　　　　　图2

（2）测微原理

测杆上相邻螺纹间沿轴方向的距离(叫螺距) $h=0.5$ mm.每转动一周,测杆就沿轴线平移一个螺距值.微分筒前部表面上刻有将圆周 50 等分的刻线,每转过 1 分度,测杆平移的微小长度 $\Delta L=\dfrac{1}{50}=0.01$ mm,这叫千分尺的分度值.依靠微分筒的分度,能准确地读出 0.01 mm 的微小长度,并可估读更小一位的数值.

（3）使用方法

左手握住尺柄,右手旋转微分筒.先检查零点.当测杆接近测砧时,必须改为旋转小旋钮,靠它内部一对棘轮(图2中 G_1、G_2)间的静摩擦力带动微分筒.当测杆接触测砧并产生一定的压力时,测杆就不能再前进了,于是,棘轮打滑而发出"咯咯"声.这时应停止旋转小旋钮而去读刻度,若微分筒上零刻线与主尺上横线重合,且微分筒边缘与主尺零线重合,零点就是准确的,初读数为零,如下图甲所示.若状况如下图乙、丙,就应记下此时的初读数,注意正负,图乙为 0.028 mm,图丙为 -0.014 mm.

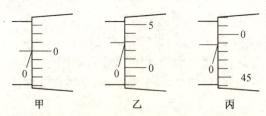

甲　　　　　　乙　　　　　　丙

将被测物放在张开的测杆与测砧间,旋转微分筒,当将要夹住被测物时,必须改旋小旋钮,直到物体被夹住,棘轮发声为止.这时先读主尺上露出的刻度数,注意半毫米刻线;再读与主尺横线相对微分筒上的数值,可以估读 1/10 分度.如图甲读数为 3.678 mm,不是 3.178 mm. 遇到微分筒边缘与主尺上某条刻线重合时,应看微分筒的示值是否过零,如图乙已过零则应读出 2.514 mm;如图丙未过零,则不应读出 2 mm 刻线,读数为 1.980 mm.

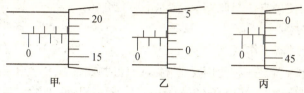

使用零点不能对正(即初读数不为零)的千分尺,被测物的长度应等于末读数与初读数之差.

注意事项:

① 螺旋测微器使用久了,当测砧与测微螺杆端面接触时,主尺上的准线可能会与微分套筒圆周刻度的"0"线不对齐,这就会引起误差(零点误差),应该将它记录下来,以便对测量值进行修正. 这个误差可以为正值,也可以为负值.

② 当测微螺杆端面将要接触到待测物之前,就不能再旋转微分套筒,而必须改用棘轮旋转,当听到发出"咯咯"声时就立即停止旋转棘轮,以便减少误差和保护装置.

③ 测量完毕,整理仪器时应该将测微螺杆退回几转,让测砧和螺杆端面之间留出空隙,以免热胀冷缩引起螺杆变形.

3.3.2 时间测量仪器及使用

力学实验常离不开时间的测量. 例如单摆实验、复摆实验、牛顿第二定律的验证、动量守恒定律的验证等都涉及时间的测量.

时间测量按其内容分为时刻测量和时间间隔测量两类. 钟表是测量时刻的仪器;秒表和电子计时器是测量时间间隔的仪器. 力学实验中遇到的时间测量主要是时间段的测量. 所以在此重点介绍时间段的测量仪器.

1. 秒表

秒表也称停表,是测量时段的最常用仪器.

如图所示是秒表的外观图. 表盘上有两个指针,长针为秒针,每转一圈是 30 s;短针为分针,每转一圈是 15 min. 所以秒表的量程是 15 min,分度值为 0.2 s. 秒表上端的端钮是用来上紧发条和控制秒表的启动和停止的. 使用秒表前,应该按顺时针方向旋转端钮,上紧发条,但不能上得过紧,以防发条断裂. 使用时用手握

住秒表,大拇指在端钮上稍用力按下,秒表立即走动,随机放手让其自动弹回.当需要停止计时,可再按一下端钮.第三次按下端钮时,秒表秒针和分针都复零.若指针不能回到零点,应该记下其偏离数值(注意符号),以便对测量值进行修正.

电子秒表的使用方法与此类似,在此不单独介绍.

2. 打点计时器

(1) 打点计时器工作原理

电磁打点计时器是一种使用交流电源的计时仪器,工作电压为 4～6 V. 当电源的频率是 50 Hz 时,它每隔 0.02 s 打一次点.通电以前,把纸带穿过限位孔,再把套在轴上的复写纸片压在纸带的上面.当接通电源时,线圈产生的交变磁场使振动片(由弹簧钢制成)磁化,振动片的一端位于永久磁铁的磁场中.由于振动片的磁极随着电流方向的改变而不断变化,在永久磁铁的磁场作用下,振动片将上下振动,其振动周期与线圈中的电流变化周期一致,即为 0.02 s. 位于振动片一端的振针就跟着上下振动起来,这时,如果纸带运动,振针就在纸带上打出一系列小点.

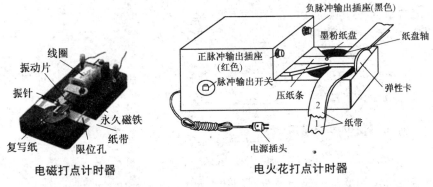

电磁打点计时器　　　　　　电火花打点计时器

(2) 打点计时器的使用

① 把长木板平放在实验桌上,并使滑轮伸出桌面;

② 把打点计时器固定在木板没有滑轮的一侧,并连好电路;

③ 把一条细绳拴在小车上,细绳跨过定滑轮,下边吊着合适的钩码;

④ 把穿过打点计时器的纸带固定在小车后面;

⑤ 使小车停在靠近打点计时器处,接通电源,放开小车,让小车运动;

⑥ 断开电源,取出纸带;

⑦ 换上新的纸带,再重复两次.

(3) 使用打点计时器的注意事项

① 打点计时器使用的电源是交流电源,电磁打点计时器电压是 4～6 V;电火花打点计时器电压是 220 V.

② 打点计时器在纸带上应打出轻重合适的小圆点,如遇到打出的是小横线、

重复点或点迹不清晰,应调整振针距复写纸片的高度,使之大一点.

③ 复写纸不要装反,每打完一条纸带,应调整一下复写纸的位置,若点迹不够清晰,应考虑更换复写纸.

④ 纸带应捋平,减小摩擦,从而起到减小误差的作用.

⑤ 使用打点计时器,应先接通电源,待打点计时器稳定后再放开纸带.

⑥ 使用电火花打点计时器时,还应注意把两条白纸带正确穿好,墨粉纸盘夹在两纸带之间;使用电磁打点计时器时,应让纸带通过限位孔,压在复写纸下面.

⑦ 处理纸带数据时,密集点的位移差值测量起来误差大,应舍去;一般以五个点为一个计数点.

⑧ 描点作图时,应把尽量多的点连在一条直线(或曲线)上,不能连在线上的点应分居在线的两侧. 误差过大的点可以舍去.

⑨ 打点器不能长时间连续工作. 每打完一条纸带后,应及时切断电源,待装好纸带后,再次接通电源并实验.

⑩ 在实验室使用打点计时器时,先将打点计时器固定在实验台上,然后接通电源.

(4) 纸带分析处理

① 自由落体运动初始点的分析:看纸带的前两个点的距离是否接近 2 mm,接近 2 mm 的纸带才是由静止开始的自由落体运动实验纸带.

② 实验纸带是否匀变速运动的分析:测量纸带上相邻各点的距离之差是否相等,若相等就是匀变速运动,否则就不是;匀变速运动的纸带相邻两点的距离差满足 $s_{n+1}-s_n=aT^2$.

③ 计算匀变速运动中某点的瞬时速度:做匀变速运动的物体在某段位移的平均速度等于物体在该段位移中点时刻的瞬时速度,即 $v_n=\dfrac{s_n+s_{n+1}}{2t}$,$s_n$ 指第 $n-1$ 个计时点到第 n 个计时点的位移,s_{n+1} 指第 n 个计时点到第 $n+1$ 个计时点的位移. $[s(n)+s(n+1)]$ 指第 $n-1$ 个计时点到第 $n+1$ 个计时点的位移. 即把要求的点包括在了它们中间即 n 处,t 指发生两个相邻计数点$(n-1\sim n, n\sim n+1)$之间的时间间隔. $2t$ 就是时间间隔总和.

④ 计算匀变速运动的加速度:

a. 理想纸带的加速度计算:由于理想纸带描述的相邻两个计数点间的距离之差完全相等,即有:

$$s_2-s_1=s_3-s_2=\cdots=s_n-s_{n-1}=\Delta s=aT^2;$$

故其加速度 $a=\dfrac{\Delta s}{T^2}$.

b. 实际的实验纸带加速度计算：由于实验过程中存在一定的误差，导致各相邻两个计数点间的距离之差不完全相等，为减小计算加速度时产生的偶然误差，采用隔位分析法计算，可以减小运算量，方法是，用 $s_1, s_2, s_3 \cdots$ 表示相邻计数点的距离，两计数点间的时间间隔为 T，根据 $\Delta s = aT^2$ 有

$$s_4 - s_1 = (s_4 - s_3) + (s_3 - s_2) + (s_2 - s_1) = 3a_1 T^2$$

同理 $s_5 - s_2 = s_6 - s_3 = 3a_2 T^2$

求出 $a_1 = \dfrac{s_4 - s_1}{3T^2}, a_2 = \dfrac{s_5 - s_2}{3T^2}, a_3 = \dfrac{s_6 - s_3}{3T^2}.$

再求平均值计算加速度：$a = (a_1 + a_2 + a_3)/3.$

3.3.3 电阻测量仪器及使用

1. 指针式万用表

电子式万用表

指针式万用表

指针式万用表具有指示直观，测量速度快等优点，但它的输入电阻小，误差较大，所以一般用于测量可变的电压、电流值，通过观察表头指针的摆动来看电压、电流的变化范围.

指针式万用表由表头、测量电路元器件及转换开关组成. 它的外形有便携式、袖珍式两种. 标度盘、调零钮、测试插孔等装在面板上. 各种万用表的功能略有不同，但是最基本的功能有四种：一是测试直流电流，二是测试直流电压，三是测试交流电压，四是测试交流直流电阻. 有的万用表可以测量音频电平、交流电流、电容、电感及晶体管的特殊值等，由于这些功能的不同，万用表的外形布局也有差异.

（1）万用表的组成

万用表由表头、测量线路及转换开关等三个主要部分组成.

① 表头：它是一只高灵敏度的磁电式直流电流表，万用表的主要性能指标基本上取决于表头的性能. 表头的灵敏度是指表头指针满刻度偏转时流过表头的直

流电流值,这个值越小,表头的灵敏度越高.测电压时的内阻越大,其性能就越好.表头上有四条刻度线,它们的功能如下:第一条(从上到下)标有 R 或 Ω,指示的是电阻值,转换开关在欧姆挡时,即读此条刻度线.第二条标有 ∽ 和 VA,指示的是交、直流电压和直流电流值,当转换开关在交、直流电压或直流电流挡,量程在除交流 10 V 以外的其他位置时,即读此条刻度线.第三条标有 10 V,指示的是 10 V 的交流电压值,当转换开关在交、直流电压挡,量程在交流 10 V 时,即读此条刻度线.第四条标有 dB,指示的是音频电平.万用表的表头是灵敏电流计.表头上的表盘印有多种符号、刻度线和数值.符号 A—V—Ω 表示这只电表是可以测量电流、电压和电阻的多用表.表盘上印有多条刻度线,其中右端标有"Ω"的是电阻刻度线,其右端为零,左端为∞,刻度值分布是不均匀的.符号"—"或"DC"表示直流,"～"或"AC"表示交流,"≃"表示交流和直流共用的刻度线.刻度线下的几行数字是与选择开关的不同挡位相对应的刻度值.表头上还设有机械零位调整旋钮,用以校正指针在左端指零位.

② 测量线路:表笔分为红、黑二只.使用时应将红色表笔插入标有"+"号的插孔,黑色表笔插入标有"—"号的插孔.

测量线路是用来把各种被测量转换到适合表头测量的微小直流电流的电路中,它由电阻、半导体元件及电池组成.它能将各种不同的被测量(如电流、电压、电阻等)和不同的量程,经过一系列的处理(如整流、分流、分压等)统一变成一定量的微小直流电流送入表头进行测量.

③ 转换开关:万用表的选择开关是一个多挡位的旋转开关.用来选择测量项目和量程.一般的万用表测量项目包括:"mA"、直流电流、"V"、直流电压、"V"、交流电压、"Ω"、电阻.每个测量项目又划分为几个不同的量程以供选择.

其作用是用来选择各种不同的测量线路,以满足不同种类和不同量程的测量要求.转换开关一般有两个,分别标有不同的挡位和量程.

(2) 万用表的使用

① 熟悉表盘上各符号的意义及各个旋钮和选择开关的主要作用.

② 进行机械调零.

③ 根据被测量的种类及大小,选择转换开关的挡位及量程,找出对应的刻度线.

④ 选择表笔插孔的位置.

⑤ 测量电压:测量电压(或电流)时要选择好量程,如果用小量程去测量大电压,则会有烧表的危险;如果用大量程去测量小电压,那么指针偏转太小,无法读数.量程的选择应尽量使指针偏转到满刻度的 2/3 左右.如果事先不清楚被测电压的大小时,应先选择最高量程挡,然后逐渐减小到合适的量程.

a. 交流电压的测量:将万用表的一个转换开关置于交、直流电压挡,另一个转换开关置于交流电压的合适量程上,万用表两表笔和被测电路或负载并联即可.

b. 直流电压的测量:将万用表的一个转换开关置于交、直流电压挡,另一个转换开关置于直流电压的合适量程上,且"＋"表笔(红表笔)接到高电位处,"－"表笔(黑表笔)接到低电位处,即让电流从"＋"表笔流入,从"－"表笔流出.若表笔接反,表头指针会反方向偏转,容易撞弯指针.

⑥ 测电流:测量直流电流时,将万用表的一个转换开关置于直流电流挡,另一个转换开关置于 50 μA～500 mA 的合适量程上,电流的量程选择和读数方法与电压一样.测量时必须先断开电路,然后按照电流从"＋"到"－"的方向,将万用表串联到被测电路中,即电流从红表笔流入,从黑表笔流出.如果误将万用表与负载并联,则因表头的内阻很小,会造成短路,烧毁仪表.其读数方法如下:

实际值＝指示值×量程/满偏

⑦ 测电阻:用万用表测量电阻时,应按下列方法操作:

a. 选择合适的倍率挡.万用表欧姆挡的刻度线是不均匀的,所以倍率挡的选择应使指针停留在刻度线较稀的部分为宜,且指针越接近刻度尺的中间,读数越准确.一般情况下,应使指针指在刻度尺的 1/3～2/3 间.

b. 欧姆调零.测量电阻之前,应将两个表笔短接,同时调节"欧姆调零旋钮",使指针刚好指在欧姆刻度线右边的零位.如果指针不能调到零位,说明电池电压不足或仪表内部有问题.并且每换一次倍率挡,都要再次进行欧姆调零,以保证测量准确.

c. 读数:表头的读数乘以倍率,就是所测电阻的电阻值.

(3) 万用表使用注意事项

① 万用表水平放置.

② 应检查表针是否停在表盘左端的零位.如有偏离,可用小螺丝刀轻轻转动表头上的机械零位调整旋钮,使表针指零.

③ 将表笔按上面要求插入表笔插孔.

④ 将选择开关旋到相应的项目和量程上,就可以使用了.

⑤ 万用表使用后,应做到:

a. 拔出表笔.

b. 将选择开关旋至"OFF"挡,若无此挡,应旋至交流电压最大量程挡,如"1 000 V"挡.

c. 若长期不用,应将表内电池取出,以防电池电解液渗漏而腐蚀内部电路.

⑥ 在测电流、电压时,不能带电换量程.

⑦ 选择量程时,要先选大的,后选小的,尽量使被测值接近量程.

⑧ 测电阻时,不能带电测量.因为测量电阻时,万用表由内部电池供电,如果带电测量则相当于接入一个额外的电源,可能损坏表头.

⑨ 用毕,应使转换开关在交流电压最大挡位或空挡上.

2. 数字万用表

现在,数字式测量仪表已成为主流,有取代模拟式仪表的趋势.与模拟式仪表相比,数字式仪表灵敏度高,准确度高,显示清晰,过载能力强,便于携带,使用更简单.下面以 VC9802 型数字万用表为例,简单介绍其使用方法和注意事项.

(1) 使用方法

① 使用前,应认真阅读有关的使用说明书,熟悉电源开关、量程开关、插孔、特殊插口的作用.

② 将电源开关置于"ON"位置.

③ 交直流电压的测量:根据需要将量程开关拨至"DCV"(直流)或"ACV"(交流)的合适量程,红表笔插入"V/Ω"孔,黑表笔插入"COM"孔,并将表笔与被测线路并联,读数即显示.

④ 交直流电流的测量:将量程开关拨至"DCA"(直流)或"ACA"(交流)的合适量程,红表笔插入"mA"孔(<200 mA 时)或"10A"孔(>200 mA 时),黑表笔插入"COM"孔,并将万用表串联在被测电路中即可.测量直流量时,数字万用表能自动显示极性.

⑤ 电阻的测量:将量程开关拨至"Ω"的合适量程,红表笔插入"V/Ω"孔,黑表笔插入"COM"孔.如果被测电阻值超出所选择量程的最大值,万用表将显示"|",这时应选择更高的量程.测量电阻时,红表笔为正极,黑表笔为负极,这与指针式万用表正好相反.因此,测量晶体管、电解电容器等有极性的元器件时,必须注意表笔的极性.

(2) 使用注意事项

① 如果无法预先估计被测电压或电流的大小,则应先拨至最高量程挡测量一次,再视情况逐渐把量程减小到合适位置.测量完毕,应将量程开关拨到最高电压挡,并关闭电源.

② 满量程时,仪表仅在最高位显示数字"1",其他位均消失,这时应选择更高的量程.

③ 测量电压时,应将数字万用表与被测电路并联.测电流时应与被测电路串联,测直流量时不必考虑正、负极性.

④ 当误用交流电压挡去测量直流电压,或者误用直流电压挡去测量交流电压时,显示屏将显示"000",或低位上的数字出现跳动.

⑤ 禁止在测量高电压(220 V 以上)或大电流(0.5 A 以上)时换量程,以防止

产生电弧,烧毁开关触点.

⑥ 当显示"BATT"或"LOW BAT"时,表示电池电压低于工作电压.

3.3.4 DIS 传感器

DIS 是"Digital Information System"三个词的缩写,DIS Lab 是"数字化信息系统实验室"的简称,它是一种用于实时采集数据的智能化系统,由传感器、数据采集器、计算机系统及配套软件构成. DIS Lab 运用不同的传感器进行数据采集并通过 A/D 转换输入计算机,由计算机通过相应的软件对探测到的信息进行数据和图形分析处理. DIS Lab 是一个完整的现代化的教学技术平台,是应用现代信息技术进行学习的一种新的技术手段和方法. 与传统的实验手段相比,DIS 实验系统具有以下的优势:

(1) DIS 实验系统通过传感器的应用,提高了获得数据的精度. DIS 实验系统能屏弃一些传统实验中误差很大的实验器材,减少因为测量器材的误差带来的实验误差,比如传统实验中用的弹簧秤测力、秒表计时等,目前传感器的应用已经覆盖了声、光、电、磁、力、热等方面的测量.

(2) DIS 实验系统大大提高了实验的速度. 传统实验在处理数据方面总有力不从心的感觉,因为缺乏有效的手段来处理数据,所以就不要求在大量实验数据的基础上来做研究,而数据数量少又不符合科学研究的规律. 由于 DIS Lab 具备"实时实验"的功能,数据采集、处理和图线描述都由计算机完成,所以师生们可以从数据读取、记录、公式运算和图线描绘等繁琐的简单劳动中解脱出来. 除非是必须要缓慢变化的实验,比如气体定律的实验,各种参数的改变在需要用控制变量法时要尽量放慢速度以外,其他实验都可以在非常短的时间内完成. 甚至有的实验仅仅在 1 分钟的准备以后在 1 秒内就能完成 1000 组实验数据的采集. 从数据的数量和数据的真实性来说都比较理想.

(3) DIS Lab 凭借传感技术弥补了传统实验中多个测量空白. 由于 DIS 实验系统相对完善的数据处理软件,可以设计出很多借助传统实验装置想做而做不好的实验. 如:"力的相互作用",以前提供的实验器材无非是两个弹簧秤,让学生拉一下,能观察到弹簧秤上的示数相同即可. 而 DIS Lab 利用两个力传感器,实验中力的大小随时可变,并实时显示,拉力和推力可瞬间切换. 即使在运动状态,如匀速、加速、瞬间碰撞状态下,作用力与反作用力也尽显图上. 而且 DIS 实验系统有效解决了微小电信号,从而能完成一些拓展性实验,如人体、苹果、番茄的导电性等.

(4) 尝试物理模型的图线化. 当今世界,图线因能够形象、直观地反映事物发展、变化的规律,已被社会各个领域广泛应用. 教材中关于物体的运动规律,像牛顿定律、振动和波、热学中的气体性质、电学定律的描述等,都大量应用了图线. 但受限于传统的实验方法,教师和学生在实验中获得图线相对繁琐费时,反而导致在物理学习中疏于应用图线,图线作为认知工具的强大功能没有得到充分发挥.大量教学经验表明:在实验之前,教师首先引导学生基于猜想,给出某种运动状态下产生图线的基本特征;随后进行实验,再根据已经获得的图线,推出该图线的某一个区域所表征的运动状态.这不仅符合学生的认知规律,而且这种交互式的教学,还促进了学生以物理学的思维方式去读懂图线、建立模型.

1. DIS 的构成(以 DIS LabV5.0 为例)

(1) 传感器:把实验中测量的各种物理量转换成标准的电信号,并把这些信号传递给数据采集器.DIS 配备了多种传感器,详见下表.

传感器名称	量程	分度
电流传感器	$-1A \sim +1A$	10 mA
电压传感器	$-10V \sim +10V$	10 mV
微电流传感器	$-1\mu A \sim +1\mu A$	/
温度传感器	$-10\ ℃ \sim +110\ ℃$	0.1 ℃
压强传感器	$0 \sim 300$ kPa	± 0.1 kPa
力传感器	± 20 N/± 10 N	0.1 N
磁感应强度传感器	± 15 mT	0.1 mT
位移传感器	$0 \sim 200$ cm	1 mm
光电门传感器	/	0.01 ms
声波传感器	100 Hz $\sim$ 1 kHz	1 Hz
光强传感器	/	1 mm
G-M 传感器	40 000 cpm(最大计数率)	1 cpm

(2) 数据采集器:把实验中用传感器采集到的电信号转换成数字信号并传递给计算机.DIS 数据采集器采用四路并行输入,可同时接插四种传感器.

(3) 计算机(装有实验软件包):通过实验软件包中的教材专用软件和教材通用软件,以数值显示、图表、曲线等各种方式表现实验数据,并可根据要求对实验数据进行数据统计、数据公式计算、曲线猜想与拟合等各种分析与处理.

传感器和数据采集器

2. 传感器使用方法简介

(1) 电流传感器：使用方法与电流表类似，使用时把电流传感器串联在电路中。如果待测电流从电流传感器的红色线流入，黑色线流出，显示的数值为正数；如果反接，显示的数值为负数。

(2) 微电流传感器：一般用于定性观察实验，其使用方法与电流传感器类似。

(3) 电压传感器：使用方法与电压表类似，使用时把电压传感器并联在电路中。如果电压传感器的红色线接到电路的高电位端，黑色线接到低电位端，显示的数值为正数。如果反接，显示的数值为负数。

(4) 压强传感器：用于测量气体压强，其读数为绝对压强值，无需通过大气压加以换算。使用时应保证被测气体容器与压强传感器前端的软管连接紧密。

(5) 温度传感器：使用方法类似温度计，其温度敏感元件置于传感器金属探针的顶端，使用时要让被测物体与此处充分接触。

(6) 声传感器：声传感器的敏感器件置于传感器前端，使用时要将其对准声源。

(7) 位移传感器：由超声波发射模块和接收模块两部分构成。使用时将位移接收模块与数据采集器连接，位移发射模块与运动物体固定在一起，或直接将其作为运动物体（如振子、落体等）使用。

(8) 力传感器：既可测量拉力，又可测量压力。软件中规定：拉力的示数为正值，压力示数为负值。

(9) 磁传感器：磁传感器探管前端内置磁敏元件，使用时需接入数据采集器预热几分钟，待读数稳定后再进行测量。软件规定：当传感器的探管指向被测磁场的 S 极，即磁感线经传感器从探管顶端处穿出时，测量值呈正值；当传感器的探管指向被测磁场的 N 极，即磁感线从探管顶端处进入传感器时，测量值呈负值，如图所示。示数的绝对值即为测量点处平行于探管方向的磁感强度分量。

第三章 高中物理的实验基础

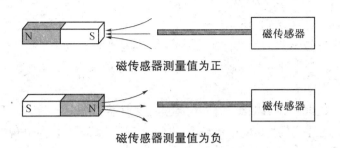

磁传感器测量值为正

磁传感器测量值为负

（10）光电门传感器：使用高精度光敏器件构成连续的光路．在已知运动物体长度的条件下，记录该物体遮挡光路的时间，即可得出物体的运动速度．下图为某中学利用两个光电门探究加速度与力、物体质量关系的实验装置图（未显示计算机）．

前面我们已经学过匀速直线运动物体的 $s\text{-}t$ 图像和 $v\text{-}t$ 图像，下面我们就用DIS 来研究匀速直线运动物体的运动情况，进一步理解这两个图像．

应用示例：用 DIS 测定运动物体的位移和速度．

- 实验目的：研究匀速直线运动物体的 $s\text{-}t$ 图像和 $v\text{-}t$ 图像，并从中求出物体运动的速度．
- 实验器材：DIS（位移传感器、数据采集器、计算机等），DIS 配套力学轨道，小车．
- 实验装置：

研究匀速直线运动装置图

· 99 ·

• 实验步骤:(供参考)

(1) 将位移传感器的发射器固定在小车上,接收器固定在力学轨道右端(轨道稍倾斜,使小车能做匀速直线运动),将接收器与数据采集器相连,数据采集器与计算机相连,构成 DIS 实验系统.

(2) 开启数据采集器电源和位移传感器发射器部分的电源,打开教材专用软件,点击实验条目上的"测量运动物体的位移和速度",屏上将出现"位移-时间"坐标.

(3) 点击"开始记录",将小车放到轨道上,令其滑下.数据采集完成,点击"停止记录",获得位移-时间图像,从点的走向可以大致看出小车位移随时间变化的规律.

(4) 拖动滚动条,将对应小车运动状态的 s-t 图像置于显示区域中间,点击"拟合",得出位移随时间变化的曲线.

(5) 点击"选择区域"按钮,在 s-t 图像上选择研究区域.点击鼠标确定研究区域的"开始点";再次点击,以确定研究区域的"结束点".此时在软件界面左下方的数据窗口中,即可显示出研究区域内 s-t 图线的初位移、末位移、时间差、速度的值.

(6) 点击"v-t 图像",观察研究区域内 s-t 图像对应的 v-t 图线.

• 思考:如果实验得到的 s-t 图像呈曲线,v-t 图像呈非水平直线,问题的原因是什么?

答:说明小车未做匀速直线运动,应调节力学轨道的倾斜度重做实验.

第四章 力学基础

§4.1 力

4.1.1 力的概念

1. 力的定义:物体和物体之间的相互作用.

2. 力的物质性:例如手推桌子、脚踢足球、小朋友拎东西等等,力总是联系着两个物体,分别称为施力物体和受力物体.

3. 力的相互性:手推桌子的同时,感觉到桌子也对手产生作用力、脚踢足球的同时,脚也受到足球对脚的作用力,比如会感觉到疼痛.

可见,两个物体之间的作用总是相互的,一个物体对另一个物体有力的作用,则后一个物体一定同时对前一个物体有力的作用,即力是物体与物体之间的相互作用.物体间相互作用的一对力,通常叫做作用力和反作用力.

4. 力的作用效果:对物体施加力的作用,会使物体发生形变或者运动状态发生改变(例如用力将塑料瓶子捏扁、用力推动静止的箱子等等).

5. 力的三要素:大小、方向、作用点.

力的单位为牛顿,大小可以用弹簧测量(具体要求见实验讲解).

方向:力是一个有方向的物理量.

作用点:这个在画力的示意图(力的图示)中得以体现.

6. 力的表示

(1) 力的图示

卡车对拖车的牵引力 F 的大小是 2 000 N,方向水平向右,作出力 F 的图示.

步骤:选一标度(依题而定其大小),如用 1 cm 长的线段表示 500 N 的力;从力 F 的作用点 O 向右水平画一线段四倍于标度(4 cm),然后画上箭头.

说明:① 选不同标度(单位),力的图示线段的长短可不同;② 标度的选取要有利于作图示.

(2) 力的示意图

我们为了简明地表示物体的受力情况,有时只需要画出力的示意图,即只画出带箭头的线段来表示物体在这个方向上受到了力,对线段的长度没有严格的要求.

说明:① 用线段的起点表示力的作用点.

② 沿力的方向画一条带箭头的线段,箭头的方向表示力的方向.

③ 若在同一图中有几个力,力越大,线段越长.

4.1.2 重力

1. 重力的产生:成熟的苹果会落到地面、水会从高处向低处流动、抛出的物体会落到地面,这一切都是因为地球上所有的物体都受到重力.

概念:由于受到地球的吸引而产生的力.

说明:① 物体受到重力.是由于地球的吸引,地球是施力物体,只要在地球的引力范围内,无论是静止或者是运动的物体都会受到重力.

② 严格地说,重力与地球对物体的引力并不相等.

2. 重力的大小:$G=mg$.

说明:重力的大小与物体的质量还有 g 值有关,在地球的不同位置 g 取值不同.赤道上 g 值最小而两极 g 值最大,一般的处理方法在地面附近不太大的范围内,可认为 g 值是恒定的.

3. 重力的方向:用悬绳悬挂物体,在物体保持静止的情况下,根据二力平衡,绳子的方向反映了重力的方向,重力方向有两种说法:竖直向下、垂直于水平面向下.

4. 重力的作用点:物体的每一部分都受到重力作用,为了研究问题方便,从效果上看,我们可以认为物体受到的重力集中作用在一点,这一点叫物体的重心.

说明:① 重心的概念是人为引入的,② 在处理某些问题时,如果想象把构成物体的全部物质压缩成一个点集中在重心处,将不影响研究的结果.

注意:① 重心是重力的作用点,但不能说只有重心才受到重力的作用.

② 重心可能在物体之上,也可能在物体之外.

(1) 质量分布均匀的物体重心跟物体的形状有关,质量分布均匀、形状规则的物体的重心在其几何中心.

(2) 质量分布均匀、形状不规则的薄板的重心可用悬挂法找到.想一想:用悬挂法测薄板形物体的重心的原理是什么?

(3) 质量分布不均匀的物体,重心的位置与形状有关,与质量分布也有关.

巩固练习

1. 关于力的概念,正确的说法是 ( )
   (A) 一个受力物体可以有一个以上的施力物体
   (B) 只有固态的物体间才有力的作用
   (C) 压弹簧时,手先给弹簧一个压力而使之压缩,弹簧压缩后再反过来给手一个弹力
   (D) 力可以从一个物体传给另一个物体而不改变其大小

2. 关于力的下述说法中错误的是 ( )
   (A) 力是物体对物体的作用
   (B) 只有直接接触的物体间才有力的作用
   (C) 由有一定距离的磁铁间有相互作用力可知:力可以离开物体而独立存在
   (D) 力的大小可以用天平测量

3. 一个物体重 2 N,那么,在下列情况下它受的重力还是 2 N 的是 ( )
   (A) 将它竖直向上抛起   (B) 将它放到水里,它被浮起
   (C) 将它放到月球上或木星上   (D) 将它放在高速行驶的列车上

4. 下列关于重心的说法中正确的是 ( )
   (A) 物体的重心就是其几何中心
   (B) 物体的重心一定在物体上
   (C) 物体的重心位置由物体的质量分布和形状决定
   (D) 重心是物体所受重力的作用点,可以不在物体上

5. 力是_____的作用,力不能离开_____物体和_____物体而独立存在.

6. 在国际单位制中,力的单位是_____,简称_____,符号为_____.

7. 力的图示法是用一根带箭头的线段来表示力,线段的长短表示力的_____,箭头的指向表示力的_____,箭尾常常画在力的_____上.

8. 一个物体放在水平地面上,如图所示,用 20 N 的力沿与水平方向成 30°角向左上方拉它,试在图上画出该力的示意图.

9. 物体受到的重力是由于_____而产生的,而重力的方向总是_____,重力的大小可以用_____测出.

10. 质量为 m 的物体重 19.6 N,则 m 的大小为_____,质量为 6 kg 的物体,重力的大小为_____,物体所受重力的大小 G 与物体的质量 m 成_____.

11. 质量分布均匀,形状是中心对称的物体,其重心就在它的_____点上.质量分布不均匀的物体,其重心的位置除跟物体的形状有关外还跟物体_____情况有关.

12. 用手将质量为 3 kg 的小球竖直向空中抛起,小球在向上运动的过程中,受到_____力的作用(不计空气阻力),它的施力物体是_____,同时_____也受到小球对它的作用力.

4.1.3 弹力

1. 放在桌子上的书与下方的桌子之间发生力的作用,书对桌子产生压力,桌子对书产生支持力;用细绳拉着物体,绳子对物体产生拉力,物体同时也拉着绳子.以上情形中所涉及的压力、支持力、拉力等,都属于弹力.

2. 弹力的产生

(1) 形变:一张纸由纸片变为纸团形状发生改变,并且无法自行恢复原状,这种发生形变但是无法恢复原状的情形叫做非弹性形变,一根橡皮筋被拉长后,松开,橡皮筋又恢复原状,这种能够恢复原状的情形叫做弹性形变.

(2) 概念:发生弹性形变的物体由于要恢复原状会对与之接触的物体产生力的作用,这种作用力称之为弹力.

说明:① 弹力的产生涉及两个物体:施力物体形变对与之接触的受力物体产生弹力.

② 弹力的产生条件:形变与直接接触.

3. 弹力的方向

例 1 把书放在桌面上,书压桌面,书和桌面都有微小的变形,书要恢复原状,对桌面有一个向下的弹力(压力),桌面恢复原状对书有一个向上的弹力(支持力).

一般情况:凡是支持物对物体的支持力,都是支持物因发生形变而对物体产生的弹力;支持力的方向总是垂直于支持面并指向被支持的物体.

例 2 用绳吊重物,绳对重物是否有弹力? 物体受重力和绳的拉力. 物拉绳,绳拉重物.

重物和绳都有极微小的形变,发生形变的绳要恢复原状对重物产生向上的弹力(拉力),另外发生形变的重物要恢复原状对绳产生向下的弹力(拉力).

一般情况:凡是一根线(或绳)对物体的拉力,都是这根线(或绳)因为发生形变而产生的弹力;拉力的方向总是沿线(或绳)指向线(或绳)收缩的方向.

如何判断弹力的方向呢?

(1) 两物体接触面上的弹力包括压力和支持力。这种弹力与物体的接触方式有关。

① 当两物体为"面与面"或"面与点"接触时,如图1所示,弹力 N_1 和 N_2 方向垂直接触面,并指向受力物体。

② 当两物体是"点与点"接触时,如图2、图3所示,弹力 N_1 和 N_2 的方向过接触点且垂直过接触点的切面,指向受力物体。

(2) 线的拉力。细线的重力可忽略时,拉力沿线的方向。如图4所示,T_1 和 T_2 分别表示两细线对 O 点的拉力。

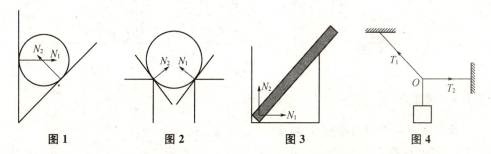

图1　　　　　图2　　　　　图3　　　　　图4

(3) 杆产生的弹力这种情况需要根据平衡条件或物体的运动状态来决定,其方向可能沿着杆也可能不沿杆。

小结:物体受到的弹力方向总是与施力物体的形变方向相反,发生形变的物体产生的弹力不是作用在自身上,而是作用在与它接触的迫使它发生形变的物体身上。

巩固练习

1. 下列关于弹力的说法中,正确的是　　　　　　　　　　　　　　　(　　)
   - (A) 相互接触的物体之间一定存在弹力作用
   - (B) 只有受弹簧作用的物体才受到弹力作用
   - (C) 只有相互接触并发生形变的物体间才存在弹力作用
   - (D) 弹簧的弹力总是跟弹簧的长度成正比

2. 小李在课外探究弹簧的长度跟外力的变化关系,利用如图的实验装置记录了相应实验数据如下:

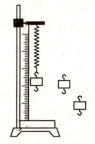

钩码质量(g)	0	50	100	150	200	250	300	350	400
指针位置(cm)	2	3	4	5	6	7	7.5	7.5	7.5

(1) 这项研究在实际中的应用是_____.
(2) 分析实验数据,你可得到的结论_____.
(3) 该弹簧原长是_____cm,若用该弹簧制作一只弹簧测力计,其量程为_____N.
(4) 小李作出了下图所示的三个图像,其中正确的是_____(填序号).

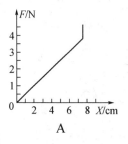
A
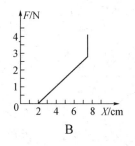
B
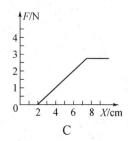
C

4.1.4 摩擦力

摩擦力可分为滑动摩擦力、静摩擦力、滚动摩擦力.

1. 滑动摩擦力

如右图所示,用力拉动粗糙水平面上的木块,木块开始向右运动.

(1) 概念:一个物体在另一个物体表面上滑动时,会受到阻碍它运动的力,这种力叫做滑动摩擦力.

(2) 影响因素:滑动摩擦力的大小与接触面的粗糙程度、压力大小有关,接触面越粗糙,压力越大,滑动摩擦力越大.在一定范围内,滑动摩擦力的大小与接触面积的大小无关.

(3) 方向:阻碍物体的相对运动.

(4) 大量的研究表明,除了减小接触面的压力、接触面的粗糙程度以外,还可以用加润滑剂、变滑动为滚动的方法,减小物体间的摩擦.

2. 静摩擦力

上图中,如果用力 F 拉粗糙水平面上的物体,但是未拉动,物体与地面之间是否存在摩擦力呢?

(1) 概念:一个物体相对于另一个物体有相对运动的趋势,但未发生相对运动,则两个物体之间存在阻碍相对运动趋势的力,这个力称为静摩擦力.

(2) 方向:阻碍物体间的相对运动.

(3) 静摩擦力的大小往往不确定,与外界施加的力的方向与大小有关.

举例:手握着杯子,杯子不掉下来;乘坐倾斜电梯的人与电梯之间存在静摩擦力等等.

3. 思考:摩擦力一定阻碍物体的运动吗？这个世界如果没有摩擦力会怎样呢？

巩固练习

1. 黑板刷在黑板上擦动时,第一次做直线运动,第二次做圆周运动.这两次摩擦分别称为　　　　　　　　　　　　　　　　　　　　　　　(　　)
   (A) 滑动摩擦,滚动摩擦　　　　(B) 滑动摩擦,滑动摩擦
   (C) 滚动摩擦,滑动摩擦　　　　(D) 滚动摩擦,滚动摩擦

2. 甲、乙两同学沿同一直线,水平向右拉一木箱,甲用 60 N 的力,乙用 40 N 的力,木箱在水平地面上做匀速运动,则木箱受到地面的滑动摩擦力的大小和方向分别是　　　　　　　　　　　　　　　　　　　　(　　)
   (A) 100 N,方向向右　　　　(B) 100 N,方向向左
   (C) 20 N,方向向右　　　　(D) 20 N,方向向左

3. 下面说法中错误的是　　　　　　　　　　　　　　　　　(　　)
   (A) 运动鞋底的花纹是为了增大鞋底与地面间的摩擦力
   (B) 冬天下雪后,常见民警在汽车上坡的地方洒上一些炉灰,目的是增大车轮与地面之间的摩擦
   (C) 生活中离不开摩擦,摩擦越大越好
   (D) 工厂里工人师傅用的锉刀表面总是凹凸不平的,目的是为了增大锉刀与工件之间的摩擦

4. 物体间的滑动摩擦力的大小与　　　　　　　　　　　　(　　)
   (A) 物体的重量有关
   (B) 物体的形状有关
   (C) 物体与物体间接触的光滑程度有关
   (D) 以上说法均不对

5. 在生产过程中,工人们为了搬运大型的机器,常常在它的下面垫上一些长金属圆棍,这样做是为了　　　　　　　　　　　　　　　　(　　)
   (A) 使机器少移动距离,达到省力的目的
   (B) 使机器运动得快些,以便提高机械效率
   (C) 把滑动摩擦变为滚动摩擦,达到省力的目的
   (D) 这样做没有意义

§4.2 直线运动

4.2.1 机械运动

1. 机械运动

物体相对于其他物体的位置变化,也就是物体的位置的移动随时间的变化,叫做机械运动.机械运动简称为运动.

(1) 一个物体相对于另一个物体的位置只要是发生了变化,这个物体就在运动.

(2) 宇宙中没有不动的物体,一切物体都在不停地运动,运动是绝对的,静止是相对的.

2. 质点

(1) 质点是用来代替物体的有质量的点,因而其突出的特点是"具有质量"和"占有质量".但却没有体积,即没有大小.

(2) 质点是对实际物体的抽象,因而它是一个具有质量而又没有体积(大小)的抽象的点,这显然是一种理想化模型,实际上并不存在.引入理想化模型时,要善于抓主要矛盾,尽可能把复杂问题简单化,这是物理学中经常要用到的一种研究问题的方法——科学抽象法.

(3) 虽然质点实际不存在,但实际问题中不少物体又可以看作是质点.一个物体可否视为质点,这要根据具体情况分析.只有当物体的形状和大小在所研究的问题中处于次要地位时,才可以把物体当作质点.

说明:① 物体上所有点的运动情况都相同,可以把它看作一个质点.

② 物体的大小和形状对研究问题的影响很小,可以把它看作一个质点.

③ 转动的物体,只要不研究其转动且符合第②条,也可看成质点.

④ 由于质点没有体积,因而质点是不可能转动的.所以,质点是没有转动可言的.任何转动的物体,在研究其自转时,均不能简化成质点.

⑤ 一个物体能否被简化为质点,并不是看物体的大小.很小的物体有时候反而是不能当作质点的,如自身旋转着的小球在研究其自转情况时,小球就不能认为是质点.很大的物体有时候可以简化为质点,如绕太阳公转着的地球.同一物体有时可以看作质点,有时又不能看作质点.只有当物体的形状和大小在所研究的问题中处于次要地位时,才可以把物体看作质点.如在研究地球的公转规律时就可以把

地球看作是质点,但研究地球的自转规律时则不能把地球看作是质点.

3. 分类

(1) 直线运动和曲线运动

质点运动时所通过的路线,就叫做质点运动的轨迹.按照轨迹来划分,质点运动的轨迹是直线的运动叫做直线运动,是曲线的运动叫做曲线运动.

(2) 运动状态

速度保持不变的运动叫做匀速直线运动.速度发生变化的运动叫做变速运动.

说明:在以上说法的基础上还应该加上一条,物体的一部分相对于另一部分的位置发生改变的过程也叫做机械运动.如一辆车在公路上行驶,它相对于地面上固定的物体发生了位置的改变,可以说车发生了机械运动.当一个轮子绕着固定轴转动时,轮上的各部分相对于轴在做机械运动.

机械运动是我们见到的各种运动中最简单最普遍的一种运动形式.车、船的运动,天体的运动,都是机械运动.常见的机械运动有平动和转动.

4. 运动的相对性

阅读下列古诗,思考运动所具有的特性

水急客舟疾,山花拂面香.　　　　　　　　　——(唐)李白《秋浦歌》

天门中断楚江开,碧水东流至此回.

两岸青山相对出,孤帆一片日边来.　　　　　——(唐)李白《望天门山》

满眼波光多闪烁,看山恰似走来迎.

仔细看山山不动,是船行.　　　　　　　　　——(唐)无名氏《浪淘沙》

(1) 机械运动的研究

① 参照物:在研究机械运动时,被选作标准的物体,称为参照物,参照物也就是我们假想出不动的物体.

② 静止:如果一个物体相对于参照物的位置不变,我们就说这个物体是静止的.

③ 怎样判断物体是运动的还是静止的?

说明:要判断一个物体是否运动,可按以下步骤进行:

a. 首先,确定研究对象——被研究的物体;

b. 然后,按照题意选定一个参照物;

c. 最后,就把自己放在这个参照物上去看被研究的物体,从而得出物体的运动情况.

(2) 动能

① 定义：物体由于运动而具有的能,称之为动能.

② 影响动能大小的因素：影响动能大小的因素是物体的质量、物体的速度.物体的质量越大,速度越大,物体的动能越大.

巩固练习

1. 下列哪些现象是机械运动　　　　　　　　　　　　　　　　　　　　（　）

   (A) "神舟5号"飞船绕着地球运转

   (B) 西昌卫星中心发射的运载火箭在上升过程中

   (C) 钟表各指针的运动

   (D) 煤燃烧的过程

2. 在研究下列哪些运动时,指定的物体可以看作质点　　　　　　　　　（　）

   (A) 从广州到北京运行中的火车

   (B) 研究车轮自转情况时的车轮

   (C) 研究地球绕太阳运动时的地球

   (D) 研究地球自转运动时的地球

3. 下列关于质点的说法中正确的是　　　　　　　　　　　　　　　　　（　）

   (A) 体积很小的物体都可看成质点

   (B) 质量很小的物体都可看成质点

   (C) 不论物体的质量多大,只要物体的尺寸跟物体间距离相比甚小时,就可以看成质点

   (D) 只有低速运动的物体才可看成质点,高速运动的物体不可看做质点

4. 第一次世界大战期间,一名法国飞行员在 2 000 m 高空飞行时,发现脸旁有一个小东西,他以为是一只小昆虫,敏捷地把它一把抓过来,令他吃惊的是,抓到的竟是一颗子弹.飞行员能抓到子弹,是因为　　　　　　　　（　）

   (A) 飞行员的反应快

   (B) 子弹相对于飞行员是静止的

   (C) 子弹已经飞得没有劲了,快要落在地上了

   (D) 飞行员的手有劲

5. 若一个跳伞员从飞机上跳下来,以人为参照物,飞机是向上运动的,则以地为参照物,飞机是怎样运动的?

6. 无风天,甲船上的人感到有南风吹来,这表明甲船正在_____运动,乙船上的人感到吹西北风,则乙船正在向_____运动.

7. 如图所示,问甲、乙两船运动情况,说明理由.

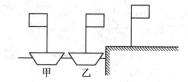

4.2.2 时间

1. 区分时间与时刻

(1) 早上第一节上课的时间是 8:00;

(2) 每节课的时间是 45 分钟;

(3) 一路公交车每天首班车时间是 6:30;

(4) 兰兰同学从家到一中所需时间是 20 分钟.

请同学们讨论一下这些"时间"表示什么不同的含义呢?

2. 时间轴

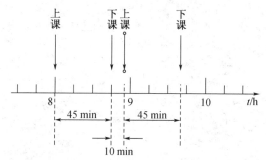

在时间轴上,时刻用一个点来表示,我们是 8:00 上课,8:45 下课,8:55 上第二节课,9:40 下第二节课. 这些时刻都由时间轴上的点代表. 而时间间隔在时间轴上就表示为一条线段,是两个时刻之差. 例如时间轴上的 8:00~8:45 代表第一节课 45 分钟这段时间;时间轴上的 8:45~8:55 代表课间休息 10 分钟这段时间,8:55~9:40 代表第二节课 45 分钟这段时间.

巩固练习

蓝仔、红孩、紫珠和黑柱发表了如下一些说法,正确的是 ( )

(A) 蓝仔说,下午 2 点上课,2 点是我们上课的时刻

(B) 红孩说,下午 2 点上课,2 点是我们上课的时间

(C) 紫珠说,下午 2 点上课,2 点 45 分下课,上课的时刻是 45 分钟

(D) 黑柱说,2 点 45 分下课,2 点 45 分是我们下课的时间

4.2.3 位移

1. 路程

从家里到学校有很多路线,走不同的路线路程的长短会不同,为了节能减排,节省时间,我们一般选取路程较近的路线.

概念:物体实际运动路线的长短叫做路程.

2. 位移

思考:从家到学校,走不同的路线,有什么相同点和不同点呢?

起点和终点相同,而路程不同,运动学比较关注物体空间位置的变化,即起点与终点的位置相同.位置的变化是相同的,这个相同点我们要引入一个新的物理量来描述,那就是"位移".在上学这个运动过程中,位移就是从家指向学校的有向线段(如图所示).

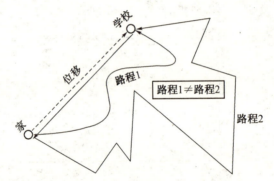

概念:起点指向终点的有向线段叫做位移.

说明:

(1) 位移是表示质点位置变化的物理量. 路程则是表示质点通过实际轨迹长度的物理量.

(2) 位移是矢量(既有大小又有方向),大小为有向线段的长度,方向为有向线段的方向. 路程是标量(只有大小没有方向).

(3) 位移与质点的运动路径无关,只与初位置、末位置有关. 路程不仅与质点的初末位置有关,还与路径有关.

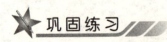

下列关于位移和路程的说法中,正确的是 ( )

(A) 位移大小和路程不一定相等,所以位移不等于路程

(B) 位移的大小等于路程,方向由起点指向终点

(C) 位移描述物体相对位置的变化,路程描述路径的长短

(D) 位移描述直线运动,路程描述曲线运动

4.2.4 速度

1. 概念:描述物体运动的快慢.公式:$v=\dfrac{\Delta x}{\Delta t}$

对于同一个物体,在某一段时间内,运动的快慢也不是每时每刻都一样.我们用公式 $v=\dfrac{\Delta x}{\Delta t}$ 计算出的速度,能否精确描述物体在任一时刻运动的快慢?

2. 匀速直线运动

(1) 匀速直线运动

直线运动可分为匀速直线运动和变速直线运动.在任一时刻速度都保持不变的直线运动叫做匀速直线运动.

(2) 匀速直线运动的图像

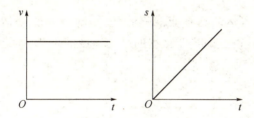

(3) 平均速度

做变速运动的物体,运动的快慢是不断变化的,为粗略地表示变速运动的物体的运动快慢,引入平均速度概念,其公式是 $v=\dfrac{s}{t}$.它虽与匀速直线运动的公式一样,但其物理意义不一样.匀速直线运动的速度可以表示物体在运动中任何一段路程或任何一段时间内,任一时刻的运动快慢,它不是由路程长短或时间多少来决定,即速度不变.而变速运动的平均速度,则只能表示物体所经过的那段路程的大体快慢情况,而不能反映某一时刻的运动情况,选取的时间或路程不同,平均速度一般不同.因此,求出的平均速度必须注明是哪一段路程或哪一段时间的平均速度.

思考:如何精确地测量某一个时刻或者某一个位置的速度呢?

1. 甲、乙、丙三个物体做匀速直线运动,速度大小分别为 63 m/min、1 m/s、3.5 km/h,其中速度最大的是_____.

2. 一列长 200 m 的队伍做匀速直线运动,整列队伍通过 1.8 km 长的大桥所用时间是 30 min,求这列队伍的速度是多少?

3. 怎样测量一盘蚊香的燃烧速度?

4. 某物体从 A 点运动到 B 点,平均速度是 5 m/s,如果运动过程中最后 1/3 路程的平均速度是前 2/3 路程的平均速度的 1/3,那么物体在这两段路程的平均速度分别是多少?

5. 某物体从 A 点运动到 B 点,前一半时间内的平均速度是 v_1,后一半时间内的平均速度是 v_2,则整个过程中物体的平均速度是多少?

§4.3 力和运动

4.3.1 牛顿第一定律

1. 注意:(1) 用同一小车做三次实验,每次都使小车从静止开始由同一斜面的顶端下滑,保持小车滑到三种水平表面时的初速度相同;(2) 由于水平表面的材料不同,小车沿水平面运动时受到的摩擦阻力不同,沿毛巾表面运动受到的阻力最大,沿水平木板运动受到阻力最小.

毛巾表面　　　　棉布表面　　　　木板表面

演示结果:在第一次实验中,小车沿垫着毛巾的水平表面滑行,阻力 f 最大,滑行的距离最短,运动的时间也最短,显然速度减小得最快. 在第二次实验中,小车沿垫着棉布的水平表面滑行,阻力 f 比第一次实验小了,滑行的距离和运动时间也都延长了. 第三次实验中,小车阻力最小,车滑行的距离和运动的时间都最长,小车速度减小得最慢. 实验证明,阻力越小,小车滑行的距离越长,运动的时间也越长,其速度减小得最慢.

2. 科学的推论:300 年前,伽利略在类似上述实验的基础上进一步推理得出:在理想情况下,如果表面绝对光滑,阻力等于零,物体的速度将不会减慢,将以恒定不变的速度永不停息地运动下去.科学家笛卡儿补充了伽利略的结论:如果物体不受任何力的作用,不仅速度的大小不变,而且运动方向也不变,将沿原方向匀速运动下去.利用气垫导轨,可将摩擦力减到最小.进一步感受到在不受外力的情况下,运动物体将会做匀速直线运动的情况.

3. 牛顿第一定律:牛顿在前人研究的基础上总结得出牛顿第一定律:一切物体在没有受到外力作用时,总保持静止状态或匀速直线运动状态.

说明:① 定律的前半句为定律成立的条件,"不受外力";后半句是定律的结论,物体的"运动状态不变".

② "保持静止状态或匀速直线运动状态"说的是:当物体不受外力时,原来静止的物体将永远保持静止状态;原来运动的物体,将永远保持匀速直线运动状态.速度的大小和方向都不变化.

③ 牛顿第一定律是阐述物体运动规律的三大定律之一. 定律说明运动不是靠

力来维持的,力是改变运动状态的原因.

④ 我们周围的物体,都受到这个力或那个力的作用,不可能给物体创造一个不受外力的条件,因此不可能用实验来直接证明牛顿第一定律.但是这个定律是在大量经验事实和某些间接实验的基础上,通过科学推理概括出来的,从定律得出的一切推论都经受住了实践的检验,牛顿第一定律已成为大家公认的力学基本定律之一.

4.3.2 牛顿第二定律

1. 力对运动的影响

力不是维持物体运动的原因,那么力对运动会产生什么影响呢?

2. 质量为 m 的物体静止在光滑的水平面上,受到水平力 F 的作用,如右图所示,试讨论:

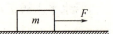

(1) 物体此时受哪些力作用?

(2) 每一个力是否都产生加速度?

(3) 物体的实际运动情况如何?

(4) 物体为什么会呈现这种运动状态?

[答案] (1) 物体此时受三个力作用,分别是重力、支持力、水平力 F.

(2) 由力是产生加速度的原因知,每一个力都应产生加速度.

(3) 物体的实际运动是沿力 F 的方向,做匀加速直线运动.

(4) 因为重力和支持力是一对平衡力,其作用效果相互抵消,此时作用于物体的合外力等于 F.

3. 合外力、加速度、速度的关系

(1) 物体所受合外力的方向决定了其加速度的方向,合外力与加速度的大小关系是 $F=ma$,只要有合外力,就有加速度.

(2) 合力与速度同向时,物体做加速运动,反之减速.

(3) 力与运动的关系:力是改变物体运动状态的原因,即力→加速度→速度变化(运动状态变化),合外力决定物体加速度的大小,加速度大小决定单位时间内速度变化量的大小.

思考:质量不同的物体,所受的重力不一样,它们自由下落时加速度却是一样的,你怎样解释?

4.3.3 牛顿第三定律

1. 相互作用的两个物体,每个物体既是受力物体,又是施力物体;每对相互作用都伴随两个力,一个是作用力,一个是反作用力.

2. 实验表明:两个相互作用的物体之间作用力与反作用力总是大小相等,方向相反,作用在同一直线上.

3. 平衡力与相互作用力的比较.

关系	类别	作用力和反作用力	平衡力
相同	大小	相等	相等
	方向	作用在同一条直线上	作用在同一条直线上
不同	作用点	作用在两个不同的物体上	作用在同一个物体上
	性质	相同	不一定相同
	效果	不一定相同(不可抵消)	一定相同(可抵消)
	产生	同时产生同时消失	不一定同时产生同时消失

思考:1. 鸡蛋碰石头,鸡蛋破了而石头丝毫未损坏.说明石头对鸡蛋的作用力大,而鸡蛋对石头的作用力小,针对这种说法谈谈你的看法.

2. 分析"跳水"运动中,运动员刚开始起跳向上加速的过程中,人对板的压力和板对人的支持力的关系.

3. 先请两个力气相当的男生拔河,他们相持,无输赢.再请一个瘦小的女生和一个力气大的男生拔河,男生轻松赢,通过上述拔河游戏说明两拔河者之间的作用力关系,以及如何赢对方的.

巩固练习

1. 关于平衡力,下列说法正确的是　　　　　　　　　　　　　　　(　)
   (A) 只有物体静止时,它受到的力才是平衡力
   (B) 作用在一条直线上的两个力大小相等,这两个力一定是平衡力
   (C) 物体在平衡力的作用下,一定处于静止状态或匀速直线运动状态
   (D) 物体受到的拉力和重力相等,这两个力一定是平衡力

2. 关于力与运动的关系,下列说法正确的是　　　　　　　　　　　(　)
   (A) 物体不受力时,保持静止状态
   (B) 物体不受力时,运动状态不变
   (C) 有力作用在物体上时,物体的运动状态就改变
   (D) 有力作用在物体上时,物体一定不会保持静止状态

3. 如图所示的情景中,属于二力平衡的是 (   )

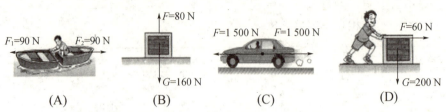

(A)　　　　　　(B)　　　　　　(C)　　　　　　(D)

4. 一列在平直轨道上行驶的列车,车厢内顶上的一颗小螺丝钉松动后掉在地板上,则小螺丝钉落在地板上的位置是 (   )

   (A) 正下方　　　　　　　　(B) 正下方的前侧
   (C) 正下方的后侧　　　　　(D) 不能确定

5. 在北京奥运会中,我国小将龙清泉不畏强手,勇于拼搏,获得了男子举重 52 kg 级冠军,为祖国赢得了荣誉.当龙清泉将 125 kg 的杠铃稳稳地举过头顶静止不动时,下列各对力中属于平衡力的是 (   )
   (A) 运动员受到的压力和运动员的重力
   (B) 杠铃对运动员的压力和运动员对杠铃的支持力
   (C) 杠铃对运动员的压力和杠铃受到的重力
   (D) 杠铃受到的重力和运动员对杠铃的支持力

6. 牛顿第一定律指出,惯性是物体的固有属性,一切物体都具有惯性.下图中惯性最大的是 (   )

(A) 奔跑的小朋友

(B) 静止的悬浮列车

(C) 飞奔的猎豹

(D) 漂浮的氢气球

7. 雨滴在空中下落时受到重力 G 和阻力 f 的作用,则这两个力的差为 $F=$ _____(用上述字母表示).若阻力 f 随雨滴下落速度的增大而增大,则在雨滴下落越来越快的过程中,G _____ f(填"<"、"="或">");当速度逐渐增大至 $f=G$,此后雨滴的运动状态是_____.

8. 小明的质量大约为 50 _____,他用 1 N 的力沿水平方向推一辆在水平桌面上的小车,小车以较慢的速度沿力的方向做匀速直线运动;当他推着小车以较快的速度在水平桌面上沿力的方向做匀速直线运动时,所用的推力应该_____1 N(选填"大于"、"小于"或"等于").

9. 小宇用 50 N 的水平力把重 15 N 的木块压在竖直的墙面上,木块恰能匀速下滑.此时木块受到的摩擦力大小是_____N;若减小水平压力,木块受到的摩擦力将_____(选填"变大"、"变小"或"不变").

10. 重 50 N 的物体,静止在粗糙的水平地面上,如果用 5 N 的力水平向右推它,没有推动,则物体所受的摩擦力大小为_____N,方向_____;如果水平推力增加到 10 N,物体刚好做匀速直线运动,那么物体所受摩擦力的大小为_____N;若将水平向右的推力增加到 15 N,此时物体所受的摩擦力大小为_____N,物体将向右做_____(选填"加速"、"减速"或"匀速")运动.

11. 起重机吊着质量为 4 t 的货物静止不动,货物受到的重力是_____N,受到绳子的拉力是_____N(g 取 10 N/kg).当货物匀速下降时,它受到的拉力_____重力;当货匀速上升时,它受到的拉力_____(选填"大于"、"等于"或"小于")重力.

12. "在水平的木板上铺上粗糙程度不同的材料,让小车自斜面同一高度由静止开始滑下,比较小车沿水平面运动的距离". 如图所示,伽利略、牛顿等科学家曾多次做过类似的实验,牛顿并在此基础上分析推导出了著名的牛顿第一定律.

毛巾表面　　　棉布表面　　　木板表面

思考实验的意义后,请回答:

(1) 为什么要让小车自斜面的同一高度由静止开始滑下?

(2) 小车在不同材料的水平面上运动的距离不等的原因是什么？

(3) 这一实验现象说明了什么？

(4) 三次实验中，小车在水平面上受到摩擦力最大的是在_____上，这说明小车受到摩擦力的大小与接触面的_____有关.

(5) 小车在_____上滑得最远，小车停下来且滑得最远是因为_____.

(6) 若在此实验基础上进一步进行逻辑推理会得到什么结论(设想小车在运动中未受任何阻力)？

(7) 从实验结果分析，最后可得到什么结论？

第五章　高中物理思想与物理方法

§5.1　物理思想简介

物理学是一门具有逻辑自洽性的严谨科学,其描述的是自然界最基础、最本质的特征,具有高度的逻辑性和统一性.中学物理的内容分为三个层次,由浅入深、由低到高依次是物理知识、物理思想方法和科学精神.物理学习就是获得物理知识、掌握思想方法、培养科学精神.培养科学精神就是要达到哲学境界,具有哲学精神.其实,物理作为一门非常专业的自然哲学,其学习的最高境界当然是哲学的高度,就是说,不仅要形成对自然界的根本看法和认识,还要具有实事求是的态度和凡事诉之理性的精神.掌握物理思想和物理方法则是我们通往哲学境界的前提,物理思想则使得我们的思维更加深刻,物理方法使得我们的思维更加有力.哲学如若罗素所言,"乃是某种介乎神学与科学之间的东西",那么作为科学的物理思想和物理方法就是介乎关于事实的物理知识和哲学之间的某种东西.其中物理思想更接近于哲学而物理方法则更接近于那些关于事实的物理知识.

从大的角度上来说,在解决物理问题时,可以从物理学本身的特点和学科思想出发进行逻辑思考,这样将会对问题的解决更有裨益.下面以若干典型的物理学科思想为例进行说明.

5.1.1　守恒思想

物理学中的守恒,是指在物理变化过程或物质的转化迁移过程中一些物理量的总量不变的现象或事实.守恒是物理学中最基本的规律之一,例如有:能量守恒、动量守恒、电荷守恒、质量守恒等,这也是解决物理问题的最基本的思想方法之一.运用守恒思想解题重在理解所述物理量的含义及其守恒事实的内在实质和外在表现.利用守恒来解决物理问题的好处在于,它只需要关注过程的初始状态和最终状态,而与过程完全无关,因此在许多情况下就能给我们解决问题带来很大的便利.

5.1.2 对称思想

物理问题中有一些物理过程或是物理图形是具有对称性的. 利用物理问题的这一特点求解,可使问题简单化. 一个物理过程一旦是对称的,则相当一部分物理量也将会是对称的,如时间、速度、位移等. 以竖直上抛运动为例,物体从抛出直至最高点的上升阶段与从最高点又下落回到原点的下落阶段是完全对称的,两个过程的时间、位移、速度是完全对称的,只要分析计算任意一个阶段,则就完全清楚整个运动过程.

5.1.3 等效思想

等效法,就是在保证效果相同的前提下,将一个复杂的物理问题转换成较简单问题的思维方法,其基本特征为等效替代. 在物理学中等效法的应用非常多. 例如:合力与分力、合运动与分运动、总电阻与分电阻、交流电的有效值等. 当然除了这些等效概念之外,许多物理模型也存在等效性,如:等效电路、等效电源、等效过程等.

5.1.4 假设思想

假设思想是指在研究对象的物理过程不明了或物理状态不清楚的情况下,先假设出一种过程或一种状态,再据题设所给条件通过分析计算结果与实际情况比较作出判断的一种方法;或是人为地增减原题所给条件,然后把得出的结论与原题结论进行比较,再依据结果的异同进行判断的一种方法. 例如:在判断两互相接触的物体之间是否存在弹力时,经常采用假设的思想. 假设两物体之间存在(或不存在)弹力,然后进行假设状态下的受力分析,比较其状态与题目已知的状态之间的异同,进而判断是否存在弹力.

5.1.5 化归的思想

化归的思想就是所谓的"转换法",主要是指在保证效果相同的前提下,将不可见、不易见的现象转换成可见、易见的现象;将陌生、复杂的问题转换成熟悉、简单的问题. 简单地说就是化繁归简、化难归易、化未知归已知. 化归的思想不是直接对问题展开攻击,而是对问题进行变形、转化,直至把它化归为某个(些)已经解决的问题,或容易解决的问题. 物理学中将难以测量或测准的物理量转换为能够测量或测准的物理量的方法就是典型的化归思想.

例如,在研究电热的功率与电阻关系的实验中,电流通过阻值不等的两根电阻丝产生的热量无法直接观测和比较,而我们通过转换为让煤油吸热,观察煤油温度变化情况,从而推导出哪个电阻放热多. 进而再问该实验能否不用煤油而改用其他方式来观察电阻通电后的发热情况.

5.1.6 极限思想

极限思想是关注某一问题或物理量在连续变化过程中的变化趋势及一般规律,然后将其逼近极限状态,从而对问题进行分析和推理的一种思维办法.例如:在证明匀变速直线运动的 v-t 图像与坐标轴所围成的区域的面积即为物体在对应时间内运动的位移时,就采用的是极限的思想.

5.1.7 比较的思想

比较是确定研究对象之间的差异点和共同点的思维过程和方法,各种物理现象和过程都可以通过比较确定它们的差异点和共同点.比较是抽象与概括的前提,通过比较可以建立物理概念,总结物理规律.利用比较又可以进行鉴别和测量.因此,比较法是物理现象研究中经常运用的最基本的方法.比较法有三种类型:(1)异中求同的比较.即比较两个或两个以上的对象而找出其相同点.(2)同中求异的比较.即比较两个或两个以上的对象而找出其相异点.(3)同异综合比较.即比较两个或两个以上的对象的相同点和相异点.比较的思想虽然简单,但却非常重要和深刻,物理学史上的著名的最速降线问题就用到了速度比较思想.在经典渡船问题、质点系的振动周期问题、复摆问题中都要用到比较的思想.

5.1.8 近似的思想

有人说物理学是一门关于近似的科学,物理学就是近似学.在复杂的物理现象和物体运动中,影响物理量的因素较多,有时为了突出主要矛盾,可以有意识地设计实验条件,忽略次要因素的影响,用近似量当成真实量进行测量.

5.1.9 放大的思想

对于物理实验中微小量或小变化的观察,可采用放大的方法.例如体温计、游标卡尺等仪器都是按放大原理制成的,此外还有:卡文迪许扭秤、库仑扭秤、利用激光反射来观察微小形变的观察.放大的思想属于化归的思想,是化归思想中的一种.

§5.2 物理方法简介

每一种物理思想都有一种或几种物理方法与之对应,下面介绍几种高中物理中的一些典型思维方法.

5.2.1 建模法

建立物理模型是物理学的重要思想方法之一. 我们在研究物理问题时总是要确定研究对象、研究对象所处的物理状态、物理状态的变化过程和所使用的理论. 这就对应着对象模型、状态模型、过程模型和理论模型.

对象模型(也可称为概念模型)是用来代替由具体物质组成的,代表研究对象的实体系. 这一类模型在中学物理中最为常见,如力学中有质点、刚体、杠杆、轻质弹簧、单摆、弹簧振子,热学中有弹性球分子模型、理想气体、绝热物质、黑体,电学中有点电荷、试验电荷、理想导体、绝缘体、理想电表、纯电阻、无限长螺线管,光学和原子物理中有薄透镜、光的波粒二象性模型、原子的核式结构模型等.

状态模型(也可称为条件模型):把研究对象所处的外部条件理想化,排除外部条件中干扰研究对象运动的次要因素,突出外部条件的本质特征或最主要的方面,从而建立的物理模型称为条件模型. 引入条件模型主要是为了简化对问题的研究. 譬如研究在地球表面附近不太高处无初速下落的物体的运动,把局部空间看作一个重力加速度为 g 的均匀重力场;不同物体下落时受到恒定的重力作用. 各种系统亦都是条件模型. 如保守力系统忽略了一些非保守力因素,如摩擦等,绝热系统不存在系统内外的热交换等等. 在现实世界中严格的保守力系统和绝热系统都是不存在的. 其他状态模型有:匀强电场、匀强磁场、光滑平面等等.

过程模型:把具体物理过程理想化、纯粹化后所抽象出来的一种物理过程,称为过程模型. 自然界中各种事物的运动变化过程是极其复杂的,在物理学研究中,不可能面面俱到. 要首先分清主次,然后忽略次要因素,只保留运动过程中的主要因素,这样就得到了过程理想模型,如匀速直线运动、匀变速直线运动、匀速圆周运动、自由落体运动、斜抛运动、简谐运动、弹性碰撞、完全非弹性碰撞、等温过程、等压过程、绝热过程、恒定电流等,都是突出某一方面的主要特征,忽略一些次要过程后抽象出来的理想过程,都是一种过程模型.

前面所说的三种模型即对象模型、状态模型、过程模型通称为理想模型,它是根据研究对象和问题的特点,舍弃次要的、非本质的因素,抓住主要的、本质的因素,从而建立一个易于研究的、能反映研究对象主要特征的新形象.理想模型是科学抽象与概括的结果.

纵观物理学发展史,许多重大的发现与结论都是由于科学家们经过大胆的猜想构思创建出的科学的、理想化的物理模型,并通过实验检验或实践验证,在模型与事实基础很好吻合的前提下获得的.伽利略和牛顿构建了光滑这一理想化的模型,才有惯性定律的重大发现.法拉第在1852年对带电体、磁体周围空间存在的物质,设想出电场线、磁场线一类力线的模型,并用铁粉显示了磁铁周围的磁力线分布形状,从而建立了场的概念,对当时的传统观念是一个重大的突破.卢瑟福也在1911年构思出原子的核式结构模型,这属于理想实验法.

利用理想模型所做的实验我们称为是理想实验,理想实验又叫"假想实验"、"抽象的实验"或"思想上的实验"、"头脑中的实验",它是人们在思想中塑造的理想过程,是一种逻辑推理的思维过程和理论研究的重要方法.理想实验虽然也叫实验,但它同所说的真实的科学实验是有区别的,真实的科学实验是一种实践活动,而理想实验则是一种思维的活动,前者是可以将设计通过物理过程而实现的实验,后者则是由人们在抽象思维中设想出来而实际上无法做到的实验.理想实验的进行实际上也是过程模型的建立,只不过这个过程是运用想象和逻辑方法进行的实验过程而已.

理想实验并不是脱离实际的主观臆想.首先,理想实验是以实践为基础的,所谓的理想实验就是在真实的科学实验的基础上,抓住主要矛盾忽略次要矛盾对实际过程做出更深入一层的抽象分析.其次,理想实验的推广过程是以一定的逻辑法则为根据的,而这些逻辑法则都是从长期的社会实践中总结出来的并为实践所证实了的.

理想实验在自然科学的理想研究中有着重要的作用.但是,理想实验的方法也有其一定的局限性,理想实验只是一种逻辑推理的思维过程,它的作用只限于逻辑上的证明与反驳,而不能用来作为检验正确与否的标准.相反,由理想实验所得出的任何推论都必须由观察实验的结果来检验.

伽利略的斜面实验就是一个理想实验,整个实验过程是运用想象和逻辑方法进行的.

我们在研究真空能否传声的时候,将一只小电铃放在密闭的玻璃罩内,接通电路,可清楚地听到铃声,用抽气机逐渐抽去玻璃罩内的空气,听到铃声越来越弱,这说明空气越稀薄,空气的传声能力越弱.实验中无法达到绝对的真空,但可以通过铃声的变化趋势,推测出真空不能传声,这与牛顿第一定律的建立过程是非常类似.

理论模型是在观察、实验的基础上,经过物理思维,对某一物理客体和研究对象的结构、相互作用、运动规律等所作的一种简化和具象的描述.这种模型通常是以假说的形式出现的,因此也可称为物理假说,它能解释某些物理现象和实验事实,指明进一步研究的方向,从某一方面反映研究对象的特征.在物理学特别是近代物理学的发展过程中,有很多这样的模型,如哥白尼的太阳系模型是对天体运动的一种简化描述;卢瑟福原子的有核模型是对原子结构的一种简化描述;原子核的气体模型、液滴模型、壳层模型、集体模型等各自从某一方面反映了原子核的特征,同样是对原子核结构的一种简化描述.

5.2.2 猜想法

在科学探究的学习过程中,猜想这一步骤有着举足轻重的地位,它是物理智慧中最活跃的成分,是物理探究过程中的一个重要环节,而且猜想决定了科学探究的方向.

首先,猜想要有一定经验和知识作为基础.在进行科学猜想能力方面的教学时,可先针对问题让学生展开想象的翅膀,鼓励学生把所有可能的情况都大胆地说出来,然后让学生根据已有知识和生活经验逐一进行分析,想想生活中有哪些事实支持它,它和已有知识是否一致,排除那些与经验和知识相矛盾的想法,留下的就可能是科学的猜想了.没有一定的知识和经验,猜想恐怕只能是无本之木,无源之水.所以在教学中为了避免学生胡猜乱想,让学生说出猜想的理由、事实依据是很有效地避免课堂混乱的手段,也是培养学生探究能力的方法之一.

教师引导学生猜想要注意把握好方向性.在学生的自主探究过程中,教师的引导可以起到画龙点睛的作用,由于课堂教学的时间和器材以及学生的知识的限制,我们不可能将学生讲的、说的一一进行探究,必须进行去粗取精、去伪存真,才能让探究过程顺利完成.

例如,在猜想动能大小与哪些因素有关的时候,学生猜想到的因素可能有质量、速度、重力、斜面坡度、高度等,特别应该注意要让学生说出猜想的理由和依据,要能举出相关的实例来证明.然后教师引导学生把其中类似的因素归为一类,即质量和重力可以归为质量这个因素,斜面坡度、高度、速度都可以归为速度这个因素.这样就把动能大小归纳猜想为与质量和速度这两个因素有关.同时引导学生复习前面学习过的牛顿第一定律实验,可以知道要控制物体到达斜面上的速度相同,必须控制物体从斜面上滑下的高度相同.然后通过控制变量的研究方法,这个探究实验就不难完成了.完成实验后,教师可以补充做一个实验,即把质量和速度分别增大一倍,观察木块被推动的距离,来判断质量和速度这两个因素中到底哪一个因素对动能的影响更大,这样为高中的继续学习打下基础.

5.2.3 控制变量法

"控制变量法"是初中物理中常用的探究问题的科学方法.由于影响物理研究对象的因素在许多情况下并不是单一的,而是多种因素相互交错、共同起作用的.所以要想精确地把握研究对象的各种特性,弄清事物变化的原因和规律,必须人为地制造一些条件,便于问题的研究.例如当一个物理量与几个因素有关时,我们一般是分别研究这个物理量与各个因素之间的关系,再进行综合分析得出结论.这样就必须在研究物理量同其中一个因素之间的关系时,将另外几个因素人为地控制起来,使它们保持不变,以便观察和研究该物理量与这个因素之间的关系.这就是控制变量方法.

在初中物理教学中有许多概念或规律的探索过程,都要用到控制变量法.例如,在八年级刚接触物理时,有一个探究实验是探究"声音怎样从发声的物体传到远处?"让一个学生在桌子一端敲击桌面,另一个学生在另一端听声音,一次贴在桌面上听,一次只是贴近桌面.发现两次都可以听到声音,引导学生分析这两次声音分别是通过桌子和空气传来的,从而说明声音要靠介质传播.同时让学生比较两次听到的声音大小,从而认识到声音在固体中比在空气中传播得快,即固体的传声能力强.在这里,老师一定要强调实验中需要控制的变量就是听声音的距离和敲击桌面的力度要相同,使学生体验到控制变量的思想,为以后的探究实验作好方法上的准备.

初中物理用到控制变量法的实验还有:影响声音的音调、响度等的因素有哪些?蒸发得快慢与哪些因素有关?导体的电阻大小与哪些因素有关?导体中的电流与导体两端电压和导体的电阻的关系,电热的大小与哪些因素有关?影响电磁铁磁性强弱的因素有哪些?研究感应电流方向与哪些因素有关?研究通电导体在磁场中受力方向与哪些因素有关?力的作用效果与哪些因素有关?影响滑动摩擦力大小的因素有哪些?影响压力作用效果的因素有哪些?液体的压强与哪些因素有关?浮力的大小与哪些因素有关?动能或势能的大小与哪些因素有关?研究物体吸引热量的多少与哪些因素有关等等.

控制变量法是一种最常用的、非常有效的探索客观物理规律的科学方法.通过控制变量法,可以让我们很方便地研究出某个物理量与多个因素之间的定性或定量关系,从而能得出普遍的规律.

控制变量法是指讨论多个物理量的关系时通过控制其中几个物理量不变,只改变其中一个物理量,从而转化为多个单一物理量影响某一个物理量的问题的研究方法.这种方法在实验数据的表格上的反映为某两次试验只有一个条件不同,若两次试验结果不同则与该条件有关,否则无关.反之,若要研究的问题是物理量与某一因素是否有关,则应只使该因素不同,而其他因素均应相同.

实例:在研究导体的电阻跟哪些因素有关时,为了研究方便采用控制变量法.即每次须挑选两根合适的导线,测出它们的电阻,然后比较,最后得出结论.为了研究导体的电阻与导体长度的关系,应选用材料和横截面相同的导线;为了研究导体的电阻与导体材料的关系,应选用长度和横截面相同的导线;为了研究导体的电阻与导体横截面的关系,应选用材料和长度相同的导线.研究影响力的作用效果的因素;研究液体蒸发快慢的因素;研究液体内部压强;研究动能势能大小与哪些因素有关;研究琴弦发声的音调与弦粗细、松紧、长短的关系;研究物体吸收的热量与物质的种类、质量、温度的变化关系;研究电流与电压、电阻的关系;研究电功或电热与哪些因素有关;研究通电导体在磁场中受力与哪些因素有关;研究影响感应电流的方向的因素均采用此法.

在实验中或实际问题中,常有多个因素在变化,造成规律不易表现出来,这时可以先控制一些物理量不变,依次研究某一个因素的影响和利用.如气体的压强、体积和温度通常是同时变化的,我们可以分别控制一个状态参量不变,寻找另外两个参量的关系,最后再进行统一.欧姆定律、牛顿第二定律等都是用这种方法研究的.

5.2.4 等效替代法

有一个广为人知的历史故事——曹冲称象.他运用的就是一种等效替代的思想.他是用石头替代了大象,巧妙地测出了大象的重力.当然,这里还用到了"化整为零"的思想.

很多伟人也经常会用等效法来使研究问题简化,例如,爱迪生用围成一圈的平面镜的反射光等效多个太阳制成了无影灯,他的助手阿普顿在苦苦计算灯泡的容积时,爱迪生却告诉他只需要把灯泡装满水,测量水的体积即为灯泡的容积.还有阿基米德在洗澡时发现了鉴别王冠真假的方法,从而也发现了一个重要的原理——阿基米德原理.

这样看来,当测量器材无法直接测量某个物理量时,就要设法用可以直接测量的物理量来取代不能直接测量的物理量,这就是"等效替代法".采用此方法时,唯一要注意的是直接测量的与不能直接测量的物理量之间要有内在的联系,找到这种内在的联系,也就完成了实验的设计.

可以说"等效替代"的思想是物理实验成功的最根本、最重要的思路,物理学中的相关定律、定理、公式、原理都是以替代思维成立的基础为出发点的.例如合力和分力的关系、重心的概念、等效电阻、等效电容等等.再如在初中物理中测量不规则固体的体积,就是利用物体浸没在液体中时,物体体积与物体排开的液体的体积相等的原理,将 $V_{物}$ 用 $V_{排}$ 替代. 在有量筒或量杯时,可采用"排液补差法"或叫"等量空间占据法"测量. 没有量筒或量杯时,可用弹簧秤和水,通过测量浮力大小,结合阿基米德原理计算 $V_{物}$(全部浸没),也可以用天平测排水的质量(全部浸没),再利用密度知识来计算 $V_{排}$. 当无法直接测物体的质量时,就可以用漂浮的方法利用 $F_{浮}=G$ 的原理,测出 $F_{浮}$ 也就知道了 G,物体的质量也就可求了. 这种质量或体积的替代测量方法一般多见于测量物质密度的方法中. 还有许多物理量的测量都用到了等效替代法.

等效替代法还可以用在一些器材的等效上,如果在研究某一个物理现象和规律中,因实验本身的特殊限制或因实验器材等限制,不可以或很难直接揭示物理本质,而采取与之相似或有共同特征的等效现象来替代,这样不仅能顺利得出结论,而且容易被学生接受和理解.

又如:验证动量守恒实验中,发生碰撞的两个小球的速度不易直接测量,可用水平位移代替水平速度研究;用电流场来模拟电场等都用到了等效思想.

5.2.5 类比法

所谓类比就是"触类旁通"、"举一反三". 实际上是一种从特殊到特殊,从一般到一般的推理,它是根据两个或两类对象之间在某些方面的相同或相似而推出他们在其他方面也可能相同或相似的一种逻辑思维. 从而可以帮助我们理解较复杂的实验和较难的物理知识. 类比是一种推理方法,不同事物在属性、数学形式及其他量描述上有相同或相似的地方就可以来用类比推理. 类比法是提出科学假说做出科学预言的重要途径,物理学发展史上的许多假说是运用类比方法创立的,开普勒也曾经说过:"我们珍惜类比推理胜于任何别的东西".

类比是科学家最常运用的一种思维方法,由这种方法得出的结论虽然不一定可靠,但是,在逻辑中却富有创造性. 康德说过这样一句话"每当理智缺乏可靠论证的思路时,类比这个方法往往能指引我们前进."类比是一种重要的思维方法,它对研究问题起着提供线索、借鉴、触类旁通的作用.

实例:电压与水压;电流与水流;内能与机械能;原子结构与太阳系;水波与电磁波;通信与鸽子传递信件;功率概念与速度概念的形成. 在物理学中运用类比方法可以引导学生自己获取知识,有助于提出假说进行推测,有助于提出问题并设想解决问题的方向. 类比可激发学生探索的意向,引导学生进行探索,使学习成为自觉积极的活动,发展学生的思维能力.

5.2.6 比值法

比值定义法就是在定义一个物理量的时候采取比值的形式定义. 用比值法定义

的物理概念在物理学中占有相当大的比例,如速度:$v=\frac{\Delta s}{\Delta t}$、加速度 $a=\frac{\Delta v}{\Delta t}$、密度 $\rho=\frac{m}{V}$、功率 $P=\frac{W}{t}$、比热容 $c=\frac{Q}{m\Delta t}$、电阻 $R=\frac{U}{I}$.

5.2.7 乘积法

中学阶段用得比较多的定义物理量的方法是比值法,但也有不少用的是乘积法.如:功 $W=FS$、动量 $p=mv$、冲量 $I=Ft$、磁通量 $\Phi=BS$、电量 $q=It$.

5.2.8 累积法

把某些难以用常规仪器直接准确测量的物理量用累积的方法,将小量变大量,不仅可以便于测量,而且还可以提高测量的准确程度,减小误差. 如测量均匀细金属丝直径时,可以采用密绕多匝的方法;测量单摆的周期时,可测 30~50 个全振动的时间;分析打点计时器打出的纸带时,可隔几个点找出计数点分析等.

5.2.9 留迹法

有些物理过程是瞬息即逝的,我们需要将其记录下来研究,如同摄像机一样拍摄下来分析.如用沙摆描绘单摆的振动曲线;用打点计时器记录物体位置;用频闪照相机拍摄平抛的小球位置;用示波器观察交流信号的波形等.

5.2.10 外推法

有些物理量可以局部观察或测量,作为它的极端情况,不易直观观测,如果把对局部观察测量得到的规律外推到极端,可以达到目的. 例如,在测电源电动势和内电阻的实验中,无法直接测量 $I=0$(断路)时的路端电压(电动势)和短路($U=0$)时的电流强度,通过一系列 U、I 对应值点画出直线并向两方延伸,交 U 轴点为电动势,交 I 轴点为短路电流.

§5.3 规范解题

高中物理相比于初中物理而言,其问题多倾向于定量分析和计算.尤其是在力学部分,由于大部分问题都要对单个甚至是多个物体进行受力分析,因此有些同学可能会在解题时碰到一定的困难.在高中物理中,解题一般有两种方法:一是分析法,它的特点是从待求量出发,结合题目所给的已知量追寻待求量相关公式中每一个量的表达式,直至求出未知量.这样一种思维方式"目标明确",是一种很好的方法,应当熟练掌握.二是综合法,就是"集零为整"的思维方法,它是将各个简单局部间的关系明确以后,将各局部综合在一起,以得到整体的解决.综合法的特点是从已知量入手,将题目条件中包含的各已知量所联系到的量综合在一起.

事实上,在解决问题的实际过程当中,"分析法"和"综合法"是密不可分的,分析的目的是综合,综合应以分析为基础,二者相辅相成.

一般来讲,正确解答物理题应遵循一定的步骤:

第一步:审题.

所谓审题是指读懂题目中所叙述的现象,以及读出标明的或是隐含的物理量.当审题碰到困难时,可以以能看明白的地方为切入点,集中思考"难点",并注意挖掘"隐含条件".要养成这样一个习惯:不懂题,就不要动手解题.

若习题涉及的现象复杂,对象很多,须用的规律较多,关系复杂且隐蔽,这时就应当将习题"化整为零",将习题中的物理过程分化成几个相对简单的过程,然后就每一过程进行分析.

第二步:列式.

在看懂题目的基础上,就每一过程写出该过程应遵循的规律式子,而后对各个过程组成的方程组求解.

第三步:讨论.

当解完一道物理习题后,不要急于结束,反之应对习题的答案进行讨论.讨论不仅可以检验答案是否合理,还能使读者获得进一步的认识,扩大知识面.

针对高中力学部分,有几类最为典型的问题,以下分别介绍它们的一般解决思路和方法.

1. 受力分析的思路和方法

在解决力学部分的问题时,几乎都得对所研究的物体进行受力分析,这也是非常重要的一种解题手段.因此,在此首先对受力分析的要点和一般方法进行介绍.

(1) 明确研究对象,避免混淆受力物体和施力物体.

首先应当明确题目所要求的未知量,从其出发确定所要研究的对象,然后将研究对象隔离出来.一般来讲,选取研究对象采用两种方法:一种是整体法,例如在分析"水平面上两个叠在一起的木块底部跟桌面之间是否有摩擦力"时,经常采用的方法就是将两个木块视为整体进行分析;另一种则是隔离法,在上述问题中,如果是要分析两个木块之间的摩擦力,一般则需将两个物体隔离开来单独进行分析.

(2) 确定物体所受的力.

一般情况下,应最先确定的是物体所受的重力、弹力和摩擦力.

(3) 根据已知条件判断力的方向.

一般来说,通过读题就能根据力的性质和产生的原因去判断力的方向.当此方法无法判断时,则可以进一步根据物体的运动状态去判断.例如:如果物体处于静止或匀速直线运动状态,则其必定受力平衡,若已知其中一个力的方向,则另一个力的方向肯定与其相反;若物体做匀加速直线运动,则依据牛顿第二定律可知物体的合力方向必定在加速度方向上.

(4) 作出力的示意图.

根据判断的力的个数及其方向,作出力的示意图.虽然并无必要作出力的图示,但一般习惯将力的大小直观地反映出来,将相对较大的力画得长些,并且在图上每个力都应标出相应的物理符号,防止在列式时出现混乱或遗漏.

(5) 进行正交分解

根据实际情况,选取适当的直角坐标系对各个力进行受力分析.与力的示意图类似,我们也习惯将分力用物理符号表示出来,一般用 x、y 的下标进行区分.

(6) 列方程

根据正交分解的结果,分别在 x 方向上和 y 方向上对所研究的物体列方程进行求解.

2. 静力学问题解题的思路和方法

静力学习题可以分为三类,分别是:力的合成和分解规律的运用、共点力的平衡及变化以及固定转动轴的物体的平衡及变化.

在解决这几类问题时,可采用以下步骤进行思考.

(1) 确定研究对象.

根据题目所要求的未知量确定研究对象,并将研究对象隔离出来进行分析.必要时应转换研究对象.这种转换,一种情况是换为另一物体,一种情况是包括原"对象"只是扩大范围,将另一物体包括进来.

(2) 对研究对象进行受力分析.

一般来讲,只需分析"对象"受到的外力,而且要分析"原始力",不要边分析,边处理力.

(3) 进行正交分解.

根据所要求的物理量以及实际的情境,选取适当的直角坐标系对各个力进行受力分解.当受力不多于三个时,还能视具体情况而直接采用合成的方法进行求解.例如:若物体受到三个共点力作用处于平衡状态,则这三个力的矢量必定能组成封闭三角形,且任何两个力的合力必定与第三个力等值反向.切记要尽量提高力合成和分解的目的性,减少盲目性.

(4) 列方程求解.

根据正交分解的结果,分别在 x 方向上和 y 方向上列力的平衡方程进行求解,而后对结果进行讨论.

(5) 对于平衡态变化时,各力变化问题,可采用解析法或图解法进行研究.

(6) 得出问题的答案.

(7) 若在(4)列出两个方程后仍不足以解出未知量,则得根据题目的已知条件,列出其他物理规律对应的式子,辅助以上两个方程进行解答.

3. 运动学解题的基本思路和方法

运动学的基本概念(位移、速度、加速度等)和基本规律是我们解题的主要依据,是我们认识问题、分析问题、寻求解题途径的武器.只有深刻理解概念、规律才能灵活地求解各种问题,但解题又是深刻理解概念、规律的必需环节.一般情况下,求解运动学问题的基本思路和方法如下:

(1) 审题

针对题目所给的信息,弄清题意,画出物体运动过程的草图.

(2) 明确研究对象

根据待求量确定所需研究的运动对象,并且选择好适当的参考系.切记务必要规定好正方向.

(3) 确定所需应用的规律

通过明确已知量、未知量和待求量,从有关时间、位移、初末速度、加速度等的一系列规律和推论中选择合适的式子进行应用.

(4) 代入数值解得答案.

(5) 在某些题目的情况下,还可利用几何关系等建立方程,辅助解题.

4. 动力学解题的基本思路和方法

实际上,大部分的力学习题会同时涉及静力学和运动学两方面的内容.连接静力学和运动学的桥梁是牛顿第二定律.因此,在前面两类问题的基础上加以综合,辅助以牛顿第二定律,其实这类动力学问题并不难解决.

(1) 确定研究对象.

(2) 分析研究对象的运动情况,并对其进行受力分析.

(3) 建立适当的直角坐标系,对物体受力进行正交分解.

(4) 分别在 x 方向上和 y 方向上列方程. 若物体在某方向上处于静止或匀速直线运动的状态,则列出平衡方程;若在某方向上处于匀变速直线运动的状态,则列出牛顿第二定律方程.

(5) 在部分问题下,两个动力学方程尚不足以解出待求量,这时则可依据题目已知条件,列出相关的运动学方程,辅助解出待求量.

第六章　物理与文化

§6.1　物理与社会

  物理学的进展密切联系着工业、农业等的发展,也同人类社会的进步息息相关.从电话的发明到当代互联网实现的实时通信;从蒸汽机车的制造成功到磁悬浮列车的投入运行;从晶体管的发明到高速计算机技术的成熟等等.这些无不体现着物理学对社会进步与人类文明的贡献.当今时代,物理学前沿领域的重大成就又将引领着人类文明进入一片新天地.物理学对科学技术和生产力的发展起着最直接的推动作用,几次工业革命便是最好的验证.由于物理学深刻地揭示了自然规律,构成了认识自然、改造自然的巨大力量,为科技发展提供了方法和技能.近一个世纪以来,物理学又有了崭新的进展,带来了相应的新技术革命.

  1. 蒸汽机的发明和牛顿力学的建立,导致了第一次工业革命.17世纪,牛顿完成了划时代的伟大巨著《自然哲学之数学原理》,其奠定了整个经典物理学的基础,并对其他自然科学的发展起到了极大的推动作用.牛顿力学的建立,是自然科学从自然哲学中分化出来的第一个重大事件,实现了自然科学的第一次大综合,使人类对自然界的认识跨出了划时代的一大步.经典物理学的思想方法、定量规律及实验基础,使科学技术的发展摆脱了当时多少还带有经验式的、工匠式的、思辨色彩的落后状态,加快了科学技术的发展步伐,为第一次工业革命大规模发明和使用机械打下了基础.

  蒸汽技术革命引起了社会的全面变革,带来了社会生产力的极大飞跃,使产业结构发生了巨大变化,机械制造业和加工业取代了农牧业而成为产业结构中的核心支柱产业.

  2. 电磁理论的发现和建立,使人类进入了电气化时代.第二次工业革命发生在19世纪下半叶,它以电磁理论的建立和发展、电气技术的开发和应用为基础,极大促进了社会生产力的发展,引起了社会经济结构和生产结构的巨大变革.同时,电磁场理论的发展拓展了科学研究领域,带动了一些新兴学科和相关交叉学科的发展.在电力革命的过程中,电磁场理论指引了革命的方向,指导着电力系统技术体系的建立.事实再一次证实了科学包括物理学对生产力发展的先导作用.

3. 20世纪70年代,微观物理方面取得重大突破,开创了微电子工业,使世界开始进入了以电子计算机应用为特征的信息时代,这是第三次产业革命.电子和信息技术具有物理基础.信息革命始于20世纪40年代,以计算机问世为标志,目前如火如荼.从1904年发明二极管起,到1946年世界上第一台电子管计算机研制成功止,是信息技术史上的"电子管时期".1947年,随着半导体晶体管问世,信息技术史进入了"晶体管时期".此后,集成电路的发明,打破了电路与元件分离的传统观念,使电子设备微型化.经过大规模集成电路阶段后,超大规模集成电路又在迅猛发展.而计算机就是由这些物理元件组成的信息处理工具.

另外,20世纪的生命科学在物理学的基础上发生了革命性的变化,也就是DNA双螺旋结构的发现以及分子生物学的发展.在此过程中,物理学的概念与方法深入到生命科学领域.

物理学转化的能力很强,没有物理做基础其他学科的研究就非常困难.物理学是一个古老的、成熟的学科,从牛顿时期就成熟了,而且是不断开拓新局面的、不断向各方延伸的学科,所以它跟许多别的学科有非常密切的联系.物理学向其他学科的渗透,是引领、推动各门自然科学向其他方面开拓新局面的动力.物理学引领和推动着广义的物理科学、生命科学、信息科学、材料科学、地球科学、思维科学、哲学等等.

物理学自其诞生便作为一门能够不断改写和更新人类文明的学问而存在,并不断丰富发展着;它对人类社会进步的贡献是每一位科学家有目共睹的.物理学不仅满足了人们探索未知世界的好奇心与求知欲,同时在其理论发展过程中对工业科技进步及其他自然科学发展潜移默化地起着举足轻重的作用.物理学的发展,不仅为人类物质生产开拓了新的空间,而且为人类精神世界积淀了丰富的宝藏,对人类社会的生产方式、生活方式和思维方式产生了深远的影响.

§6.2 物理与哲学

物理学是研究自然界的物质结构,大到宇宙结构,小到微小的粒子结构,以及物质运动的最普遍、最基本的规律的自然科学.哲学的研究对象是物质世界的普遍本质的普遍规律,即哲学是关于自然知识、社会知识和思维知识的正确的概括和总结.哲学和物理学的关系是一般和个别、普遍和特殊的关系;指导和基础的关系.哲学以整个世界为研究对象,揭示世界发展的一般规律、普遍规律;物理学是以世界的某一领域、局部或某一过程为研究对象,揭示其特殊、个别的规律,是一般和个别、普遍和特殊的关系.哲学为具体科学的研究提供科学的世界观和方法论的指导;物理学是哲学存在和发展的科学基础.

物理学为哲学的存在和发展提供了科学基础.例如,在一个标准大气压下给水加热,当水温逐渐升高(这是量变过程),到达沸点 100 ℃时,水就变成了 100 ℃的水蒸气(这是质变过程).当冷却,使水的温度逐渐降低(这是量变过程),在达到凝固点 0 ℃时,水就变成了 0 ℃的冰(这是质变过程).显然沸点和凝固点是引起质变的关节点.这个物理实验过程证明了哲学的量变和质变规律的正确性.又如:物体通过凸透镜成像的虚实、倒正、大小取决于物距,随着物距的量变可以引起像的质变.当物体由无穷远处向透镜焦点移近的过程中,都成倒立的实像,但像的大小发生了变化——由比实物小到等大进而比实物大,这是量变过程,其中也有质变,二倍焦距处是像的大小的分界点:物距大于二倍焦距成缩小的实像,物距小于二倍焦距成放大的实像,物体位于二倍焦距处,物和像等大.当物距小于焦距时,像发生明显的质变:实像变成虚像.可见,焦点是实像和虚像的分界点:物距大于焦距时成实像,物距小于焦距时成虚像,物体位于焦点处则不成像(或成像于无穷远处);透镜成像的整个过程也说明了量变和质变规律.能量守恒定律表明能量既不消灭,也不能创造,一切形式的能都是相互转化的,而一种形式能对应着一种形式的运动,它表明自然界中的一切运动都可以归结为一种形式向另一种形式不断转化的过程,这为运动是永恒的、绝对的哲学思想提供了坚实的科学基础.

物理学中的哲学思辨和原理.物体的运动是绝对的,静止是相对的,即相对于参照物的运动,这符合物质世界的绝对运动和相对静止的辩证统一,爱因斯坦的相对论阐明了时间的间隔和空间的距离不再是固定的值,它们取决于观察者与被观察者的物体之间的相对速度.光速是速度的极限值,光线使得时间和空间构成时空的连续体.爱因斯坦的狭义相对论揭示了空间—时间的辩证关系,爱因斯坦的广义相对论揭示了物质运动与时间空间的相互联系.麦克斯韦的电磁场理论揭示了电、磁、光是相互联系的,符合辩证法的关于普遍联系的学说.非平衡热力学和统计物理学如熵增加原理揭示了自然界有序与无序的联系.光具有波动性和粒子性,蕴藏有对立统一规律.人们对原子结构的认识符合否定之否定规律.力是改变物体运动状态的原因,力是产生加速度的原因,符合哲学中的原因和结果的关系.在动力学中解决多个受力物体时,隔离物体受力分析,建立方程求解,则体现了部分整体的方法.物理学中的实验定律是在一定条件下才成立,如牛顿三大定律只适用于宏观低速运动物体的运动规律;理想气体状态方程只适用于一定质量的气体在压强不太高,温度不太低的情况下才成立;库仑定律只适用于在真空中的点电荷间的相互作用力……这说明事物的形态是以某种条件为前提的,当条件发生变化时,物体所处的形态要发生变化.物理学的研究方法:实验—认识—结论—实验—定律,符合哲学的实践论,即感性认识—理性认识—实践—理论.在物理学的研究中常采用归纳和演绎、分析和综合、抽象和具体、逻辑和历史,这也符合辩证思维的基本方法.

总之,哲学为物理学提供了科学的世界观和方法论的指导,物理学又为哲学的存在和发展提供了科学的基础.

第六章 物理与文化

§6.3 物理与美学

现代物理学家杨振宁教授说过:"科学中存在美,所有的科学家都有这样的感觉".物理学具有简单、对称、和谐与新奇方面的科学美感,是"审美者通过理解、想象、逻辑思维所体验到的美."

1. 简单美.爱因斯坦认为评价一个理论美不美的标准是原理上的简单性.揭示自然规律,物理学具有高度概括性和简明美丽的特点."宁可寻求简单"是科学家研究物质世界的逻辑和手段.在范畴广泛、现象规律复杂的物理领域中,物理学家把庞大的物理空间缩小为"场",把纷繁各异的物质称为"粒子、质点",借助文字和数学表述其内在规律,充分突出简单美的观点.物理中的简单美首先体现在文字简练,如力的定义为"物体间的相互作用",光的本性为"波粒二象性",言简意赅.模型的观点和数学公式的应用使这种简单美几乎到了极限.如物理学家提出质点、单摆、理想气体和点电荷;匀速直线运动、自由落体运动、弹性碰撞等模型的观点,再用公式定义物理量和表达物理规律,大大简化了物理问题,简洁准确.如速度、密度、电流强度等物理量分别用 $v=s/t, \rho=m/V, I=Q/t$ 公式定义,其他物理量也都有相应的表达式;牛顿第二定律、爱因斯坦的质能关系、欧姆定律、动量守恒定律的表达式分别是: $F=ma, E=mc^2, I=E/(R+r), \Delta p=0$,等等.这些定义、定律科学地反映了物理运动的客观规律,而其中的数学语言科学准确、简洁优美.

2. 和谐美.和谐是指由于相互之间恰到好处,在整体上显示出的协调,它给人以统一、自洽、对应的美感.科学理论、规律的简单形式要与其深广的科学内涵和谐统一才美.物理中的和谐美主要体现在物理理论形式与内容的统一,各个研究领域理论的协调以及物理与其他学科理论和谐方面.牛顿力学被誉为科学美的典范,主要归功于牛顿定律形式简单,内涵丰富,和谐统一.例如,有了"牛二定律",小到雨滴、大到天体的万物运动规律都被统一于"$F=ma$"的简单原理中去,它的美学价值就在于把宏观运动统一了起来.爱因斯坦的质能关系"$E=mc^2$",形式也十分简洁,却深刻地揭示了自然界微观和宏观无数质能变化的规律,集简单与和谐美于一体.和谐美还表现在各知识体系理论的协调性上.物理学知识体系庞大,它们遵循各自的内在规律又互相联系,构成统一体.历史上,人们对光的本性认识从牛顿的微粒说到惠更斯的机械波动,从麦克斯韦的电磁波动到爱因斯坦的光子说,表面上看似乎冲突,最终却被电动力学所统一,其对立的理论被有机地统一了起来,充分体现了物理世界的和谐美.无论是力学、光学、热学、电磁学还是原子物理学都提到能量的转化和利用问题.自然界的一切现象都因为能量而互相联系,各个领域的物理理论也因能量关系达到最终的统一,科学和世界构成了和谐体.物理现象不是孤立的,物理理论和其他学科理论密切联系,通过质量守恒和能量守恒统一起来,成为人类认识和改造世界的武器.

3. 对称美.对称性给人的美感是"圆满、均衡和协调".人们这样描述对称性:若图形通过某种操作(如时空坐标系的改变,尺度的放大和缩小)又回到它本身,则这样的图形具有对称性.对称性的概念应用于物理,研究对象不仅是图形,还有物理量和物理规律."对称美"在物理中显而易见.从空间角度看,原子的核式结构、晶体的空间点阵、磁体的两极是对称的;物体的上升下落、圆周运动是对称的;物体的平衡、弹性形变、简谐振动具有对称性;平面镜成像、光与波的反射、电磁场的力线分布更具有对称美.从时间角度看,行星的公转与自转、理想单摆和简谐振动、波的传播都具有时间周期性的对称美.对称性的美学意境使很多科学家心驰神往.从伽利略时代开始,物理学家就把追求理论上的对称性作为一种有效的研究手法,并取得了成功.例如,牛顿发现万有引力和库仑的静电力非常对称;法拉第受奥斯特"电生磁"现象的启发之后发现了"磁生电"的现象,进一步揭示了电磁联系;后人还发现电场和磁场在规律上有许多惊人的对称关系.

4. 新奇美."新奇"也是物理美的特点.物理学发展到今天,无论是理论方面还是实践方面都是硕果累累,新颖的发明创造和新奇的理论成果层出不穷.像脉冲星、重轻子的发现;蒸汽机、激光器、电子对撞机的发明;牛顿力学理论、麦克斯韦电磁学理论、爱因斯坦相对论的创立等等都是体现新奇美的物理成就.尤其是物理理论提出的关于自然界的新知识,具有独创和新颖的特点,这正是其审美价值的所在."新奇之所以被看作是科学美的重要特征,因为它体现了科学理论发现中的艺术因素".浏览牛顿著作,我们可以体会到他的力学体系理论所包含的新奇和独创魅力.牛顿致力于探索宇宙系统的结构、万物运动的规律.他以惊人的开拓精神和独特的思维方式建立了运动三大定律和万有引力定律,为人类今天对宇宙的认识开辟了道路.伟大的爱因斯坦一生中创立了很多新奇的物理理论,其中"相对论"是新奇美的典范,它富有独创性,开创了物理学的新纪元,成为未来科学发展的理论基础.

§6.4　物理思想家

6.4.1　伽利略——近代科学之父

1. 人物生平

1564年2月15日生于比萨.

1581年11月入比萨大学学医.

1585年5月从比萨大学毕业,未获得学位.

1589年11月,26岁的伽利略受聘于比萨大学,成为一位数学教师.

1592年到帕杜亚大学任教.

1616年开始,伽利略开始受到罗马宗教裁判所长达二十多年的残酷迫害.

1633年,69岁高龄的伽利略被押送到罗马接受审判.

1642年1月8日卒于比萨.

2. 主要贡献

(1) 论证了哥白尼的日心说的正确性.如果地球在运动,那么地面上的一切自由落体的下落路线将不会是竖直的,而应该向地球运动方向的相反,伽利略则说:"把你和一些朋友关在一条大船甲板下的主舱里,再让你们带着几只苍蝇、蝴蝶和其他小飞虫,舱内放一只大水碗,其中放几条鱼,然后,挂上一个水瓶,让水一滴一滴地滴到下面的一个宽口罐里.当船匀速运动时,这些物体的运动情况会改变吗?"

(2) 他发现物体下落的速度与时间成正比以及抛射物体的抛物线规律.亚里士多德认为:物体运动的快慢有两个原因:① 运动所通过的介质不同(如通过水或土或空气);② 运动物体自身轻或重的程度不同.伽利略进行了比萨斜塔实验并进一步研究了自由落体运动和抛体运动规律.

(3) 他发现了摆的等时性.据说有一天黄昏,他看见一个司事(教堂里的杂役)在点燃一盏吊灯上的蜡烛时,使这盏吊灯摆动起来.怀有巨大好奇心和探索精神的伽利略,立即注意观察这盏吊灯的运动.他对照自己脉搏的跳动测量吊灯摇动一个来回所需要的时间,他发现,尽管吊灯摆动的幅度在不断减小,但是每摆动一个周期所需要的时间大致相等.为了证实这一结果,他立即反复地进行实验,经测量证明,摆动确实具有等时性,他还发现摆的长度与摆动周期之间有正比关系.利用这一发现,伽利略制造了一架脉搏仪,用以测量病人的脉搏.

6.4.2 牛顿——经典物理学的缔造者

1642年,是人类科学历史上不平凡的一年.世界上失去了一位伟大的物理学家、天文学家,科学革命的先驱伽利略.也是这一年,诞生了另一位伟大的科学家,他像是要完成什么使命,急急地来到这个世界时仅仅三磅重.人们看着他瘦弱的样子,担心他活不下来.可这个羸弱的生命在当时落后的医疗条件下竟奇迹般的活下来了,不但一生健康,还被人们称为天才人物.他,就是艾萨克·牛顿.

幼年的牛顿看上去并不聪明,除数学外,许多功课的成绩并不好,一连念了几年书都进步不大.牛顿特别喜欢手工,有点钱就置备木工工具.他做了不少风车、风筝、日晷、漏壶等实用器械,十分精巧,经常得到同学和邻居的称赞.但是由于功课不好,牛顿对于其中的道理讲不出来,于是受到一些同学的嘲笑.一次,一个经常捉弄他的强壮的男生,骂他是笨蛋、傻瓜,甚至还在牛顿的肚子上重重地踢了一脚.以往,牛顿总是不说话走开,可这次牛顿却火冒三丈,他像一只猛虎一样扑向那个大男生,并把他打翻在地,这事恰好被校长的儿子看见了,在他的庇护下,牛顿竟然也没有受到惩罚,望着这个大男生远去的背影,牛顿脸上泛出少有的胜利的微笑.可那个大男生好像又想起了什么,咧开大嘴扯着嗓子喊:"你有什么了不起,蠢材!"然后一溜烟跑了.牛顿喜悦的表情立刻消失了,他暗暗发誓一定要努力学习,超过所有的人.

从此,人们可以看到牛顿刻苦学习的身影.不久,他的学习成绩名列前茅,同学们再也不欺负他、嘲笑他了,校长也十分器重他.

然而命运再一次对牛顿不公平,牛顿的继父去世了.牛顿作为长子,不得不放弃学业,回家务农,挑起生活的重担.但不久,家人们发现牛顿不适宜做农活,便又把他送去读书,牛顿不负重望,以优异成绩考入剑桥大学三一学院.读到三年级时,巴罗教授发现牛顿是个人才,便举荐他为研究生.毕业后,留在大学研究室工作.

牛顿的一生为人类科学发展做出了巨大贡献,建立了经典力学基本体系,牛顿运动定律,发现万有引力定律,致力于光学方面的色的现象和光的本性研究,在热学、天文学、数学等方面也有很大成就.

6.4.3 法拉第——电磁学领域的平民巨人

科学能使人高尚而亲切,从 18 世纪中期到 19 世纪末期,是近代科学的发展时期. 这一时期除了天文学和力学之外,许多学科都开始有系统的发展. 电磁学理论更是异军突起. 在电学研究队伍中,有一位屡建奇功的天才,这就是英国化学家和物理学家迈克尔·法拉第(1791—1867).

1. 报童——学徒——仆人

法拉第于 1791 年 9 月 22 日出生在英国伦敦附近的一个小村里. 他的父亲是个铁匠,体弱多病,收入微薄,仅能勉强维持生活的温饱. 但是父亲非常注意对孩子们的教育,要他们勤劳朴实,不要贪图金钱地位,要做一个正直的人. 这对法拉第的思想和性格产生了很大的影响. 由于贫困,法拉第家里无法供他上学,因而法拉第幼年时没有受过正规教育,只读了两年小学. 12 岁那年,为生计所迫,他上街头当了报童. 第二年又到一个书商兼订书匠的家里当学徒. 订书店里书籍堆积如山,法拉第带着强烈的求知欲望,如饥似渴地阅读各类书籍,汲取了许多自然科学方面的知识,尤其是《大英百科全书》中关于电学的文章,强烈地吸引着他. 他努力地将书本知识付诸实践,利用废旧物品制作静电起电机,进行简单的化学和物理实验. 他还与青年朋友们建立了一个学习小组,常常在一起讨论问题,交换思想. 重视实践尤其是科学实验的特点,在法拉第一生的科学活动中贯彻始终.

法拉第不放过任何一个学习的机会,在哥哥的资助下,他有幸参加了学者塔特姆领导的青年科学组织——伦敦城哲学会. 通过一些活动,他初步掌握了物理、化学、天文、地质、气象等方面的基础知识,为以后的研究工作打下了良好基础. 法拉第的好学精神感动了一位书店的老主顾,在他的帮助下,法拉第有幸聆听了著名化学家戴维的演讲. 他把演讲内容全部记录下来并整理清楚,回去和朋友们认真讨论研究. 他还把整理好的演讲记录送给戴维,并且附信,表明自己愿献身科学事业. 结果他如愿以偿,22 岁时做了戴维的实验助手. 从此,法拉第开始了他的科学生涯. 戴维虽然在科学上有许多了不起的贡献,但他说,"我对科学最大的贡献是发现了法拉第".

法拉第勤奋好学,工作努力,很受戴维器重. 1813 年 10 月,他随戴维到欧洲大陆国家考察,他的公开身份是仆人,但他不计较地位,也毫不自卑,而把这次考察当做学习的好机会. 他见到了许多著名的科学家,参加了各种学术交流活动,还学会了法语和意大利语,大大开阔了眼界,增长了见识. 因此有人说欧洲是法拉第的大学.

2. 在科学的殿堂里

　　法拉第从欧洲回来后,立即全力以赴地投入科学研究.他搜集了能得到的一切资料,作了详尽的目录索引和笔记,大胆地进行各种化学试验.10年间,他取得了许多成果,也成为一位知名的化学家.法拉第受谢林哲学的影响,相信电、磁、光、热是相互联系的.1820年,丹麦物理学家奥斯特发现了电流对磁针的作用,法拉第敏锐地感知到了它的重要性,他决心进一步探索其内在原理.1821年,他成功地作出了"电磁旋转实验".他用简单的装置,显示出通电导体和磁铁相互连续旋转,这是第一台将电能转换成机械能的装置.法拉第一直认为,各种自然力都存在密切关系,而且可以相互转化.他坚信磁也一定能产生电,并决心用实验来证明它.但是各种努力都失败了.直到经过近10年的时间,到1831年他终于发现,一个通电线圈产生的磁力虽然不能在另一个线圈中引起通电电流,但是当通电线圈的电流刚刚接通或中断的时候,另一个线圈中的电流计指针有微小偏转.法拉第抓住这个发现反复做实验,都证实了这个现象.他又设计了各种各样的实验,磁作用力的变化同样也能产生电流.这就是有名的电磁感应原理.法拉第的这个发现终于劈开了探索电磁本质道路上的拦路大山,开通了在电池之外大量产生电流的新道路.法拉第发现的电磁感应原理是一个划时代的伟大科学成就,它使人类获得了打开电能宝库的金钥匙,在征服和利用自然的道路上迈进了一大步.利用这个原理,法拉第创制出了世界上第一台感应发电机的雏形.后来,人们又制成了实用的发电机、电动机、变压器等电力设备,建立起水力和火力发电站,使电力普遍应用于社会的各方面.这一切都是和法拉第的伟大贡献分不开的.

　　为了证实用各种不同办法产生的电在本质上都是一样的,法拉第仔细研究了电解液中的化学现象,1834年总结出法拉第电解定律:电解释放出来的物质总量和通过的电流总量成正比,和那种物质的化学当量成正比.这条定律成为联系物理学和化学的桥梁,也是通向发现电子道路的桥梁.

　　法拉第在电磁学的新领域中耕耘播种.他为了探讨电磁和光的关系,在光学玻璃方面费尽了心血.1845年,也是在经历了无数次失败之后,他终于发现了"磁光效应".他用实验证实了光和磁的相互作用,为电、磁和光的统一理论奠定了基础.

　　法拉第作为一名天才的电学大师,在电磁学的新领域中树立起了前进的路标. 1837年,他引入了电场和磁场的概念,指出电和磁的周围都有场的存在,这打破了牛顿力学"超距作用"的传统观念.1838年,他提出了电力线的新概念来解释电、磁现象,这是物理学理论上的一次重大突破.1843年,法拉第用有名的"冰桶实验",证明了电荷守恒定律.1852年,他又引进了磁力线的概念,从而为经典电磁学理论的建立奠定了基础.后来,英国物理学家麦克斯韦用数学工具研究法拉第的力线理论,最后完成了经典电磁学理论.

爱因斯坦高度评价法拉第的工作,认为他在电学中的地位,相当于伽利略在力学中的地位.法拉第奠定了电磁学的实验基础.

3. 博大的胸怀

1839年,由于过度的思考和劳累,法拉第患了严重的神经衰弱症,暂时中断了对电磁学的研究.但在病中他仍进行了液化气体的研究,几年以后身体稍有恢复,又继续原来的研究课题.19世纪50年代以后,他的健康状况进一步恶化,被迫停止了研究工作.但他仍经常作演讲,向广大群众宣传科学知识.他非常注意培养青年人.他每星期都在皇家研究院公开讲课.他在七十高龄的时候,仍给青少年作通俗科学讲座,并且把讲稿编成了一本著名的科普读物——《蜡烛的故事》.

1867年8月25日,这位伟大的科学家安然去世了.法拉第对人态度和蔼可亲,宽宏大量.他对自己要求严格,有错即改,决不文过饰非.他33岁时就被选为英国皇家学会会员;34岁时升任皇家研究院的实验室主任.1846年,他由于在电学方面的杰出贡献而获得伦德福奖章和皇家奖章,把两枚奖章授予同一个人,在皇家学会的历史上是十分罕见的.他虽然获得了很高的荣誉和地位,但却始终保持谦虚谨慎的态度.他在自己的临终遗嘱里,吩咐家人不要举行隆重的葬礼,也不要葬入名人公墓,而是和普通人一样葬在一般墓地.他成名以后,不愿为了拿高额报酬而影响正在进行的科学研究,而对于国家交给的科研任务,他却欣然从命,不计报酬.这种为了科学而轻视金钱的博大胸怀,与当时某些科学界追名逐利的人相比,是非常难能可贵的.

法拉第出身于贫苦家庭,他从一个穷铁匠的儿子,经过自己的艰苦努力,克服了重重困难,成长为一位为人类作出巨大贡献的科学大师.他那种坚忍不拔、不断追求科学真理的大无畏精神;那种一切从客观实践出发,重视科学实验的唯物主义态度;以及他不盲目崇拜权威,不囿于传统观念,敢于提出独特见解的创新精神,体现了一个科学家的优秀品格,永远值得后人学习和敬仰.

6.4.4 爱因斯坦——现代科学的奠基者和缔造者

1921年度诺贝尔物理学奖终于授给了爱因斯坦.这是科学圣殿对一位科学天才的正式承认,是科学和真理对傲慢和偏见的胜利.这个胜利来得太不容易,它姗姗来迟了16年.早在1905年,爱因斯坦就已提出了狭义相对论.狭义相对论推倒了牛顿力学的质量守恒、能量守恒、质量能量互不相关、时空永恒不变的基本命题.这是一场真正的科学革命.其后,爱因斯坦又经过10年探索,建立了广义

相对论.自此,爱因斯坦相对论宣告完成.它奠定了20世纪物理学的基石.爱因斯坦仍不满足.他开始探索宇宙起源问题,并揭示出宇宙是"静态"的、有限无界的.他根据广义相对论,提出了三大命题:光线在太阳引力场中会发生弯曲;水星近日点运动规律;引力场中光谱线向红端移动.然而直到1919年5月之前,这些预言并未得到验证.许多科学家对此持怀疑态度.1919年5月29日,日全食横贯大西洋.相对论的支持者、著名的英国教授爱丁顿率领英国天文考察队,抓住难逢的良机对日全食进行观测.他要验证爱因斯坦关于星光在通过太阳引力场中发生弯曲的预言.经过4个月反复计算检验,初步结果出来了,9月22日,著名科学家洛伦兹发电报告知爱因斯坦:爱丁顿发现星光于日缘处有偏转.这一结果证实了爱因斯坦的理论.1919年11月6日,大不列颠皇家学会和伦敦天文皇家学会举行联席会议,会议主席汤姆生宣布,日食观测结果测得星光在太阳附近偏转1.79秒,而爱因斯坦预言的是1.75秒,广义相对论完全获得证实.英国最有影响的报纸《泰晤士报》当即发表社论说,关于宇宙结构的观念必须改变了.世世代代以来被认为无可置疑的事实,已被有力的证据推翻,"一种新的宇宙哲学正在诞生".有人说过,仅狭义相对论的3篇论文就值3个诺贝尔奖.但诺贝尔奖却与爱因斯坦一直无缘.居里夫人、洛伦兹、爱丁顿、伦琴这些最杰出的科学家已为此奔走呼吁好多年了,但年年都因一批保守的科学家的阻挠而化为泡影.爱因斯坦的科学成就太革命太深邃,他遭受的攻击和诽谤也非同寻常.1921年,瑞典诺贝尔奖评委会为自己找到了一个妙不可言的台阶,决定授予爱因斯坦物理学奖——基于其光电效应定律的发现和理论物理方面的其他研究,这使反对和支持相对论的人都从不同方面感到了一些安慰.

§6.5 诺贝尔物理学奖

每年的 12 月 10 日,也即诺贝尔逝世纪念日(诺贝尔于 1896 年 12 月 10 日逝世),瑞典首都斯德哥尔摩的音乐大厅里,华灯高照、金碧辉煌,来自各国的各界学者、名流济济一堂,进行一年一度的诺贝尔授奖仪式,由瑞典国王亲手把诺贝尔奖颁发给在物理、化学、经济、生理或医学、文学及和平事业上作出突出贡献的科学家、文学家和社会活动家,实现化学家、发明家诺贝尔的遗愿. 诺贝尔生于 1833 年,是一位瑞典发明家的儿子. 自幼身体健康状况欠佳,因而主要接受的是家庭教师的教育,他曾在圣彼德堡学习过工程学. 也曾在英国,在伊里克逊指导下学习了大约一年的时间. 在他父亲的工厂里做实验的过程中,诺贝尔发现当把甘油炸药分散在惰性物质中时,可以更安全地处理. 此外,他发明了雷管和其他炸药,并取得了这些发明的专利权. 诺贝尔因炸药的制造和巴库油田的开发而得到了一笔巨额财产. 他终生未婚,被认为是一个有自卑感和不合群的人. 他对同伴常抱一种嘲笑的态度. 但他为人心肠慈善,对人类的未来满怀希望. 诺贝尔留下 900 万美元的基金. 他在遗嘱中写道,要用这笔基金的利息每年以奖金形式分发给那些在前一年中对人类作出重大贡献的人,奖金分为五等分,分别奖给在物理、化学、生理或医学、文学和和平领域中作出杰出贡献的人,1969 年诺贝尔基金会又增加了经济奖. 诺贝尔物理学奖和化学奖由瑞典皇家科学院授予,生理学或医学奖由斯德哥尔摩加罗琳研究院授予,文学奖由斯德哥尔摩研究院授予,和平奖由挪威议会推选出的一个五人委员会授予. 诺贝尔奖只授予活着的人,得奖的人以本国语言发表演说,并且按照传统,没有任何一次诺贝尔奖曾授给三人以上的小组. 每年秋天,大约有 650 封信发到下列人员手中,以征求诺贝尔科学奖的获奖者名单,这些人员包括:瑞典皇家科学院成员,物理和化学的诺贝尔委员会的成员,从前的物理学奖和化学奖获得者,瑞典 8 所大学以及科学院选出的 40~50 个大学和研究所的物理学或化学教授以及外国的研究院和大学研究所的其他科学家. 这样,大约提出 60~100 名物理学奖候选人,然后由一些非常严肃认真的人组成一个小组,细心研究提出人选,最后再经讨论筛选而确定该年度的诺贝尔物理学奖获得者.

至今,获得诺贝尔物理学奖的华人有六位,分别介绍如下:

李政道，1957年获得诺贝尔奖．李政道和杨振宁是最早获诺贝尔奖的华人．1926年11月25日出生于中国上海．1957年，他31岁时与杨振宁一起，因发现弱作用中宇称不守恒而获得诺贝尔物理学奖．他们的这项发现，由吴健雄的实验证实．

杨振宁，美籍华裔物理学家，生于安徽省合肥市．父亲杨武之是芝加哥大学的数学博士，回国后曾任清华大学与西南联合大学数学系主任多年．1945年考取公费留学赴美，就读于芝加哥大学，取得博士学位．1949年，杨振宁进入普林斯顿高等研究院进行博士后研究工作，开始同李政道合作．1957年，杨振宁与李政道以他们提出的宇宙对称不守恒理论共同获得了诺贝尔物理学奖．他们两个人是最早获得诺贝尔奖的中国人．

丁肇中，1976年因和里克特彼此独立地发现一种称为ψ/J的新粒子，与里克特分享了1976年度的诺贝尔物理学奖金．实验物理学家，祖籍山东日照，1936年1月27日生于美国密歇根州安阿伯，3个月后随父母回中国，1936～1949年，丁肇中随双亲到过中国许多地方．1949年，丁肇中进入中学接受严格的教育，他的数学、物理和历史学习成绩优秀．1956年到美国密执安大学，在物理系和数学系学习，1960年获硕士学位，1962年获物理学博士学位．1963年，他获得福特基金会的奖学金，到瑞士日内瓦欧洲核子研究中心（CERN）工作．1964年起在美国哥伦比亚大学工作．1965年成为纽约哥伦比亚大学讲师．1967年起任麻省理工学院物理学系教授．他是美国科学院院士，研究方向是高能实验粒子物理学，包括量子电动力学、电弱统一理论、量子色动力学的研究．他所领导的马克·杰实验组先后在几个国际实验中心工作．

朱棣文，于1948年2月28日出生在美国密苏里州的圣路易斯．他的父母是江苏太仓人（现已在太仓创建了朱棣文小学，1998年曾经访校一次），40年代来到美国．他们育有三子，都学有所成．朱棣文排行老二．1997年获诺贝尔物理学奖．专业为应用物理（原子物理）；1970年毕业于罗彻斯特大学，获数学学士和物理学学士；1976年获加州大学伯克利分校物理学博士．目前出任美国能源部部长．中学时，朱棣文的成绩不算拔尖，倒是他哥哥的成绩是第一名．"但上了大学以后，"朱棣文说，"我不光是学书本上的东西，而是自己想学的就下工夫学，结果成了最优秀的学生，而哥哥的名字反而无人知晓了．"朱棣文后来居上，1976年又获物理学博士学位．1978年，朱棣文进入美国贝尔实验室任研究员；1987年担任斯坦福大学教授．朱棣文最早发展出了一套利用激光冷却并捕捉原子的方法．打个比方，犹如以喷水的方式来使一个行进当中的小球静止下来，让它悬浮在空中，把它看个够．这项成就，可使科学家在前人所无法到达的领域内操控物质，同时也是对物理学理论的重大突破．为此，朱棣文从1976年做博士后起整整奋斗了20年的时间．然而，朱棣文在得知他获奖的消息后却平静得异乎寻常.他说:"我不希望因这个奖励打断我的时间表,我仍会像往常一样去学校上课."朱棣文的父母亲则说:"身为父母,有子荣获诺贝尔奖,当然非常开心,更重要的是,他替中国人争了光."

崔琦,1998年诺贝尔物理学奖获得者.1939年生于中国河南省宝丰县肖旗乡范庄村一个农民家庭,由于贫困,乡中连一间校舍也没有,崔琦只有接受私塾中的四书、五经教育,他于1951年在北京读书,次年到香港培正中学就读.1958年,19岁的崔琦赴美国深造,就读于伊利诺伊州奥古斯塔纳学院.1967年进入美国芝加哥大学,师从史达克教授,在这里,史达克教授风趣的物理教学知识及物理学广博的奥妙,使崔琦对物理学产生了特别的喜好,并开始对物理学研究投入更多的精力,在获物理学博士学位后,到著名的贝尔实验室工作,跟随罗威尔教授学习研究,这里的物理实验更使他趣味盎然,并决心投身于物理学的研究与探索.杨澜讲过这样一个故事:她去美国采访崔琦时,崔琦说自己出生在河南农村,父母都是大字不识一个的农民,但是他妈妈颇有远见,咬紧牙关省吃俭用,在崔琦12岁那年将他送出村,出外读书.这一走,造成了崔琦与父母的永别.后来他到香港、美国等地,成了世界名人.谈到这里,杨澜问崔琦:"你12岁那年,如果你不外出读书,结果会怎么样?"看到这里,我猜想:崔琦一定会这样回答:"我永远成不了名,也许现在还在河南农村种地."可是错了!崔琦的回答大大出乎人的意料:"如果我不出来,三年困难时期我的父母就不会死."崔琦后悔得流下了眼泪.杨澜也流泪了.她这时多么希望当时聘请的两位美国摄影师能推出近景,来一个特写镜头.让杨澜吃惊的是,在审片时真的出现了这一特写镜头,杨澜问两位摄影师:"你们听不懂中文,你们怎么会拍下这一感人场面?"摄影师回答:"你们不是在谈论妈妈吗?在全世界,'妈妈'这两个字是相通的."

高锟,2009年诺贝尔物理学奖获得者,有"光纤之父"之称的高锟,1933年出生于上海,少年时期随家庭南迁香港,完成中学学业,其后留学英国,专攻电子工程,成为该领域世界知名专家.1970年,他学成归来,为香港中文大学筹建工程学院,并于1987年至1996年间担任中大校长.1966年,高锟发表了一篇题为《光频率介质纤维表面波导》的论文,开创性地提出光导纤维在通信上应用的基本原理,描述了长程及高信息量光通信所需绝缘性纤维的结构和材料特性.简单地说,只要解决好玻璃纯度和成分等问题,就能够利用玻璃制作光学纤维,从而高效传输信息.这一设想提出之后,有人认为匪夷所思,也有人对此大加褒扬.但在争论中,高锟的设想逐步变成现实:利用石英玻璃制成的光纤应用越来越广泛,全世界掀起了一场光纤通信的革命.随着第一个光纤系统于1981年成功问世,高锟"光纤之父"美誉传遍世界.高锟还开发了实现光纤通信所需的辅助性子系统.他在单模纤维的构造、纤维的强度和耐久性、纤维连接器和耦合器以及扩散均衡特性等多个领域都作了大量的研究,而这些研究成果都是使信号在无放大的条件下,以每秒亿兆位元传送至距离以万米为单位的成功关键. 1987年10月,高锟从英国回到香港,并出任香港中文大学第三任校长. 从1987年到1996年任职期间,他为中文大学罗致了大批人才,使中大的学术结构和知识结构更加合理. 在与内地科技界的交流合作中,他主张"一步一步把双方的联系实际化". 高锟于1996年当选为中国科学院外籍院士. 由于他的杰出贡献,1996年,中国科学院紫金山天文台将一颗于1981年12月3日发现的国际编号为"3463"的小行星命名为"高锟星". 2009年诺贝尔物理学奖颁给一直致力于"光纤技术"的高锟.